Darius Dreiblum

Wahnsinn mit System

oder warum die Lügengeschichten, die uns tagtäglich aufgetischt werden, zu unseren Wahrheiten geworden sind

Darius Dreiblum

Wahnsinn mit System

oder warum die Lügengeschichten, die uns tagtäglich aufgetischt werden, zu unseren Wahrheiten geworden sind

Impressum

Bibliografische Information der Deutschen Nationalbibliothek:
Die Deutsche Nationalbibliothek verzeichnet diese Publikation
in der Deutschen Nationalbibliografie; detaillierte
bibliografische Daten sind im Internet über http://dnb.dnb.de
abrufbar.

© 2021 Darius Dreiblum
Covergestaltung: www.canva.com
Coverbild: www.pixabay.com

Herstellung und Verlag: BoD – Books on Demand,
Norderstedt

ISBN: 978-3-7347-1879-3

Einleitung

Ich gelte als verrückt. Das ist aber nur einer von verschiedenen möglichen Ausdrücken für meinen Zustand. In bestimmten Kreisen spricht man auch davon, dass ich unter einer seelischen Behinderung leide. Für andere wiederum bin ich irre oder auch einfach nur wahnsinnig. Medizinisch ausgedrückt, leide ich an Angststörungen und schweren rezidivierenden Depressionen. Aber am zutreffendsten ist wohl, dass ich nicht der Norm entspreche.

Normal ist, wer dieser Norm entspricht. Diejenigen, die das nicht schaffen, sind verrückt, von der Norm, weggerückt. So einfach ist das. Nur wer bestimmt, was die Norm ist und was nicht? Und wer gibt denjenigen das Recht, die zu mobben oder zurückzuweisen, die anders sind als sie selbst,? Ist das das Recht des Stärkeren? Oder steckt etwa mehr dahinter? Ist es vielleicht gewollt, dass diejenigen, die sich nicht anpassen wollen, von den anderen diffamiert und ausgegrenzt werden?

Das klingt jetzt schon fast nach einem ausgeprägtem Verfolgungswahn, auch Psychose genannt, oder zumindest nach einer Verschwörungstheorie. Doch was sind Verschwörungstheorien anderes, als bestehende Meinungen kritisch zu hinterfragen und nach alternativen Erklärungen zu suchen.

Manchmal fühle ich mich wie das Kind im Märchen „Des Kaisers neue Kleider". Ich sehe Dinge, die die ganze restlich Welt nicht sieht oder nicht sehen will. Doch ehe mir irgendwann der Kopf platzt oder ich vollkommen verrückt werde, will ich meine Sicht der Dinge anderen mitteilen. In der Hoffnung, dass es noch mehr Verrückte gibt, die meine Ansichten und Befürchtungen teilen.

Daher werden in diesem Buch eine Menge Dinge auftauchen, die man unter Umständen für Verschwörungstheorien halten kann. Das hat viel mit Glauben zu tun. Glaube ich daran, was mir tagtäglich in den Nachrichten als Wahrheit präsentiert wird oder dass ich mein Unglück selbst zu verschulden habe?

Oder gibt es Wahrheiten, die nicht über den Mainstream verbreitet werden? Gibt es von außen kommende Dinge, die mein Ungemach mit verursachen? Ich persönlich würde eher die zwei letztgenannten Fragen bejahen. Doch das muss jeder für sich selbst entscheiden. Genauso wie jeder selbst für sich entscheiden sollte, ob er an Gott, Allah, Buddha, den Kapitalismus, den Präsidenten der Vereinigten Staaten von Amerika, den Weltuntergang, die Illuminaten oder einfach auch nichts glaubt.

Vor mehr als zwei Jahrzehnten habe ich noch daran geglaubt, dass eine aus Grünen und SPD bestehende Regierung alles zum Guten wenden und im Sinne ihrer Wähler agieren wird. Weit gefehlt. Es wurden durch diese Regierung erhebliche Verschlechterungen bei den Leistungen für Langzeitarbeitslose vorgenommen, in direktem Zusammenhang damit ein großer Niedriglohnsektor aufgebaut, Rentenkürzungen vorgenommen, die Deregulierung der Finanzmärkte durchgesetzt, die Senkung der Steuersätze für Großverdiener beschlossen und an einem völkerrechtswidrigen Krieg teilgenommen. Alles Dinge, die einer sogenannten „linken" Regierung nicht gut zu Gesicht stehen und zu einem nicht unerheblichen Rückgang des Vertrauens meinerseits geführt haben.

Doch auch mein Glaube an die Wahrhaftigkeit und Glaubwürdigkeit der „linken" Medien wie „Der Spiegel" oder „Der Stern" hat sich seit einigen Jahren stark verändert. War zu Rudolf Karl Augsteins Zeiten dieses Vertrauen noch fast ungebrochen, veränderte sich das, als klar wurde, dass auch in diesen Medien der Neoliberalismus immer mehr Unterstützer fand. Momentan kann meiner Ansicht nach davon gesprochen werden, dass durch die Konzentration der Macht im Mediensektor auf einige wenige Konzerne dort kritische Meinungen kaum noch einen Platz finden.

Ich fühle mich durch unsere Repräsentative Demokratie
weder in ausreichender Weise vertreten noch durch die
herrschenden Medien in hinlänglicher Weise aufgeklärt und
informiert. Ich glaube nicht an die Dinge, die mir tagtäglich
von Politikern und Journalisten als Wahrheit vorgesetzt
werden. Bin ich deshalb verrückt?

Das mag sein, aber manchmal ist es besser verrückt zu sein,
als zu leichtgläubig. Und darum geht es auch in diesem Buch,
in dem ich von ein paar ganz verrückten Dingen berichten
werde, die der eine glauben wird und der andere aber nicht.
Die aber alle wahr sind. Oder meinen sie etwa, ich würde sie
anlügen?

Vereinigte Staaten von Amerika

Amerika ist das Land der unbegrenzten Möglichkeiten, Ursprung des amerikanischen Traums. Hier und nur hier kann der Tellerwäscher zum Millionär oder sogar Milliardär werden. Jedoch nur, wenn er sich ganz besonders anstrengt und ausgesprochen viel Glück hat.

Vierzig Millionen Amerikaner werden das Ziel, Millionär zu werden, wahrscheinlich niemals erreichen, denn sie gehören zu den Menschen, die dort in Armut leben. Viele sogar, trotzdem sie arbeiten.

Natürlich gibt es in Amerika nicht nur besonders arme Leute, sondern auch besonders reiche Menschen. Ich weiß nicht, wie viele der reichsten Menschen in Amerika früher mal als Tellerwäscher gearbeitet haben. Es werden wahrscheinlich nicht allzu viele sein. Fest steht allerdings, dass das Einkommen des obersten ein Prozent der Amerikaner durchschnittlich fast zwei Millionen Dollar pro Jahr beträgt. Das Einkommen einer armen vierköpfigen Familie in Amerika beläuft sich dagegen auf unter fünfundzwanzigtausend Dollar pro Jahr. Diese Familien verfügen auch über kein Vermögen, sondern nur über Schulden. Das ist doch verrückt, oder? (1)

Doch wie komme ich eigentlich auf Amerika? Das hat folgenden Grund. Ich bin in den sechziger Jahren geboren worden. War in meiner Kindheit und Jugend immer ein großer Bewunderer von Amerika und seinen Leistungen. Habe auf der Autobahn und der Straße jedem amerikanischen Militärfahrzeug und seinen Insassen begeistert zugewunken. Sie waren schließlich unsere Befreier und Beschützer.

Wenn im Fernsehen eine amerikanische Serie lief, habe ich diese natürlich geschaut. Seitdem stehe ich auf Kekse mit Milch und Spaghetti mit Fleischbällchen. Ich habe mich stets sehr für die amerikanische Lebensart interessiert und wollte seit meiner frühesten Kindheit nach Amerika reisen. Dieses Interesse hat sich inzwischen gewandelt.

Seitdem Ronald Reagan Anfang der achtziger Jahre zum amerikanischen Präsident gewählt wurde, habe ich die amerikanische Politik aufmerksam verfolgt. Verstanden habe ich sie allerdings damals noch nicht. Dazu war ich zu jung und zu dumm.

Ronald Reagan machte zusammen mit Margaret Thatcher die neoliberale Wirtschaftspolitik hoffähig. Die Freiheiten der Wirtschaft erhielten Vorrang vor allem anderen. Zwei große Zauberworte waren dabei die Deregulierung und die Privatisierung. Der Wirtschaft wurde zugetraut, alles selbst regeln zu können. Zuviel Kontrolle und staatliche Leistungen wurden abgelehnt. Durch den Erfolg der Wirtschaft würde schon bei den ärmeren Gesellschaftsschichten genügend Wohlstand ankommen. Konkurrenz und Besitzfreiheit wurden wichtiger als die politische Freiheit und die Bewahrung der Grundrechte. (2)

Doch vierzig Jahre später sind die Ergebnisse dieser Politik augenfällig. Eine kleine Gruppe Reicher profitierte davon und konnte einen immer größer werdenden Teil des Wohlstandes vereinnahmen. Im gleichen Augenblick wurden große Teile der Bevölkerung zunehmend ärmer. Entsprechend der neoliberalen Ideologie wurde von den Menschen mehr Eigenverantwortung gefordert. Sie wurden sich selbst überlassen und mussten irgendwie mit ihrem sinkenden Einkommen und drohender Armut zurecht kommen. Soziale Sicherungssysteme wurden von den neoliberalen Ideologen abgelehnt und dementsprechend auf das Notwendigste reduziert. Jeder sollte sich nur um sich selbst kümmern. Arbeitslosigkeit bedeutete in die Armut abzurutschen. Vor dieser Armut konnte einen aber auch das Arbeiten nicht bewahren, denn prekäre Arbeitsverhältnisse, die einem kaum ernähren konnten, wurden unter der Herrschaft des Neoliberalismus gang und gäbe. Geld war zwar im Übermaß vorhanden, doch es wanderte in die Taschen derjenigen, die

davon schon mehr als genug hatten. Das klingt ziemlich
verrückt, ist aber wahr. (3)

Um die amerikanische Lebensart und den amerikanischen
Freiheitsgedanken etwas verständlicher zu machen, möchte
ich zunächst auf die Vergangenheit Amerikas zurückgreifen.

1583

Der amerikanische Kontinent war seit seiner Entdeckung das
Ziel von europäischen Eroberern und Ausbeutern geworden.
Den amerikanischen Ureinwohnern taten diese Begegnungen
mit dem sogenannten „Weißen Mann" nicht gut. Ein Großteil
von ihnen bezahlte dieses Aufeinandertreffen mit seinem
Leben. Schätzungen gehen davon aus, dass bis zum heutigen
Tag bis zu hundert Millionen amerikanische Ureinwohner
durch Waffengewalt oder durch Krankheiten und Seuchen,
die die weißen Eroberer mit in das Land gebracht hatten,
umgekommen waren. Wenn ich böswillig wäre, könnte ich
das als Völkermord bezeichnen, so aber nenne ich es nur
ziemlich verrückt.

Die amerikanischen Ureinwohner waren naturverbundene und
menschenfreundliche Wesen, die in einer Gemeinschaft
lebten, in der sich jeder auf den anderen verlassen konnte.
Anders als in einer Vielzahl von amerikanischen Western
dargestellt, waren sie nicht die blutrünstigen, skalpjagenden
Wilden, die mitleidslos verfolgt werden mussten, um nicht
Opfer ihrer Tomahawks zu werden. Opfer waren vielmehr die
amerikanischen Ureinwohner. Sie wurden durch die weißen
Eroberer von ihrem angestammten Land vertrieben, ihrer
Kultur beraubt und fast ausgerottet. Das hatte eine Vielzahl
von Ursachen, aber zwei der wichtigsten Gründe dafür waren,
ihr Land und die Bodenschätze darin. (4)

Die Wurzeln der großen amerikanischen Nation lagen somit nicht in der Gleichheit und der Freiheit aller seine Bewohner, sondern in der Enteignung und der Tötung seiner Ureinwohner. Doch nicht nur den Ureinwohnern Amerikas wurde durch die europäischen Eroberer übel mitgespielt. Ohne die Verschleppung und Versklavung von vielen Millionen Afrikanern, die in der Plantagenbewirtschaftung und der Landwirtschaft, im Bergbau und in privaten Haushalten eingesetzt wurden, hätte die amerikanische Wirtschaft niemals in der Form florieren können, wie sie es tat. (5)

Natürlich wollten die Herren des Landes, den Profit, den sie mit dem Land zu machen gedachten, nicht mit irgendwelchen Kolonialherren teilen. Sie strebten daher ihre eigene Finanzhoheit und Wirtschaftssouveränität an.

1776

In ihrer Unabhängigkeitserklärung von 1776 formulierten sie klar und deutlich, dass sie unter den Mächten der Erde den gleichen Rang einnehmen wollten wie alle anderen. Dazu wurde freier Handel gefordert und die Entrichtung von Steuern an England abgelehnt. Klare Schlussfolgerung daraus war, sich von England und seinem König für unabhängig zu erklären.

Dies traf in England verständlicherweise auf wenig Zustimmung, weshalb es zu einer kriegerischen Auseinandersetzung zwischen diesen beiden Parteien kam. Dem amerikanischen Unabhängigkeitskrieg. Nach dem Sieg der vereinigten Staaten von Amerika über England und der Anerkennung ihrer Unabhängigkeit durch England, erfolgte eine Ausweitung des Territoriums des gerade gegründeten Staates in immer größer werdenden Schritten. Der Beginn der Entwicklung hin zum Hegemon war gemacht. (6)

Um die Schulden bezahlen zu können, die im Rahmen des Unabhängigkeitskrieges gegen England entstanden waren, gab die amerikanische Regierung Staatsanleihen aus. Der öffentliche Handel mit diesen Staatsanleihen war die Geburtsstunde des amerikanischen Marktes für Wertpapiere und damit ein wichtiger Eckpunkt für den Erfolg der amerikanischen Machtausdehnung. (7)

Amerika und seine Wirtschaft schienen nach der gewonnenen Unabhängigkeit nur noch eine Richtung zu kennen. Nach oben. Das von den amerikanischen Ureinwohnern eroberte Land wurde urbar gemacht. Durch zinslose Darlehen und Landschenkungen des amerikanischen Kongresses wurde der Eisenbahnbau enorm gefördert. Eisenbahnlinien führten bald von der West- zur Ostküste und durchzogen irgendwann das ganze Land. Dadurch konnten Rohstoffe und Waren in jeden Teil des Landes transportiert werden. Der Industrialisierung wurde damit rasanten Vorschub geleistet. Auch Viehzüchter und Farmer sorgten mit ihren Produkten dafür, dass es der amerikanischen Wirtschaft immer besser ging. (8)

1869

Die zahlreichen vorhandenen Rohstoffvorkommen wurden abgebaut, immer mehr Waren produziert und zu Geld gemacht. Dieses wurde dann erneut investiert. In dieser Zeit des Aufschwungs waren Banken begehrte Partner. So wurde 1852 der Transport- und Finanzdienstleister Wells Fargo Company gegründet. In 1869, keine zwei Jahrzehnte später, trat die Investmentbank M. Goldmann & Company (ab 1882 M. Goldmann Sachs) in Erscheinung. Dann in 1871 wurde das Bankhaus Drexel, Morgan & Company (ab 1895 J.P. Morgan & Company) eröffnet. Alles Namen die auch im heutigen Amerika eine herausragenden Stellung in der Finanzindustrie einnehmen. (9) (10) (11)

Die in der Unabhängigkeitserklärung festgeschriebenen Freiheitsrechte, nutzten in dieser Zeit vor allem Unternehmen und Banken, um sich Vorteile gegenüber ihren Konkurrenten zu sichern und ihre Macht auszubauen. Es wurden Kartelle und Trusts gebildet, um kleinere Konkurrenten auszuschalten und ganze Branchen zu kontrollieren. Einen freien Wettbewerb, wie ursprünglich gewünscht, gab es oft nicht mehr.

Zudem arbeiteten Politik und Wirtschaft Hand in Hand, um das Gebiet Amerikas, aber auch seine Einflusssphäre und seine Absatzmärkte in der Welt auszuweiten. Ziel war schon sehr früh die wirtschaftliche Führungsposition in der Welt einzunehmen. Ein Merkmal dieser expansiven Politik war die Aufrüstung und Schaffung einer modernen Marine. Diese sollte schon sehr bald zum Einsatz kommen. Dazu kam, dass die einheimische Wirtschaft vor der Konkurrenz der ausländischen Produzenten geschützt werden musste. Dies wurde durch die Erhebung von Schutzzöllen erreicht. (12) (13)

Bis zum Ende des neunzehnten Jahrhunderts führte das zu einem insgesamt langanhaltenden wirtschaftlichen Aufschwung in Amerika. Doch wie alle liberalkapitalistischen Wirtschaftsformen, war auch die amerikanische nicht vor Krisen gefeit. In der Zeit von Mitte bis Ende des neunzehnten Jahrhunderts kam es zu insgesamt drei schweren Depressionen, während denen eine Vergrößerung der Ungleichheit der Einkommensverteilung festzustellen war. Viele Teile der arbeitenden Bevölkerung wurden in diesen Phasen arbeitslos. Es verschärften sich die sozialen Gegensätze und es kam mitunter zu großflächigen Streiks, die teilweise blutig niedergeschlagen wurden. Viele tausend Unternehmen und Banken machten pleite. Es breitete sich bei den Eliten in Amerika die Angst vor dem Gespenst eines sozialen Umbruchs, sogar die Furcht vor einer Revolution aus. Die Antwort der amerikanischen Regierung darauf war, die Ausdehnung des Außenhandels fördern zu wollen und zu versuchen, die Überschüsse der inländischen Produktion auf ausländischen Märkten zu verkaufen. Amerika sollte nach deren Willen das größte Exportland der Welt werden. Damit wäre es möglich, die im Inneren herrschenden Probleme nach außen abzuleiten. (14) (15) (16) (17) (18)

1898

Verrückt war, dass kurz danach der Aufruhr der kubanischen Bevölkerung gegen die spanische Kolonialherrschaft in das Interesse einer breiten amerikanischen Öffentlichkeit trat. Dieser Aufstand war unter anderem dadurch entstanden, dass durch neu erhobene amerikanische Zölle auf kubanischen Zucker, deren Wirtschaft in eine tiefe Rezension und demzufolge auch deren Bevölkerung in große Not geraten war. Gefördert durch Gräueltaten beschreibende und propagandistische Artikel in diversen amerikanischen Zeitungen, wurden immer mehr Stimmen laut, dort als amerikanische Nation einzugreifen und die kubanische Bevölkerung vom Joch der spanischen Regentschaft zu befreien.

Dies geschah zunächst durch die Aussendung des amerikanischen Schlachtschiffs „U.S.S. Maine", das im Hafen von Havanna als Zeichen der amerikanischen Stärke und des amerikanischen Protestes vor Anker ging. Drei Wochen später kam es auf dem Schiff zu einer Explosion und sank es samt seiner Mannschaft. Bis heute ist unklar, wer oder was dafür verantwortlich war. Für die amerikanische Presse und weite Teile der Bevölkerung stand allerdings fest, dass das Schlachtschiff durch einen Angriff der spanischen Flotte versenkt worden war. Also fühlte sich der amerikanische Kongress dazu verpflichtet, von Spanien zu fordern, als Kolonialherr von Kuba abzuziehen und Kuba in seine Unabhängigkeit zu entlassen. Zudem wurde Spanien militärische Gewalt angedroht, falls es dieses Forderungen

nicht erfüllen sollte. Diese Verlautbarung wiederum zwang
Spanien dazu, Amerika den Krieg zu erklären.

Mit dieser Kriegserklärung durch Spanien hatte Amerika das
erreicht, was es wollte. Es erfolgte die Blockade der Seewege
um Kuba durch die amerikanische Flotte und die Landung von
amerikanischen Truppen auf Kuba. Nach der Zerstörung ihrer
Flotte durch die Amerikaner kapitulierten die spanischen
Truppen auf Kuba. Viel wichtiger für Amerika war allerdings,
dass es durch die spanische Kriegserklärung die Möglichkeit
hatte, die Philippinen einzunehmen. Auch das gelang den
Amerikanern innerhalb kürzester Zeit, ohne auf großen
Widerstand zu stoßen. Ebenso wurden Guam, genauso wie
Puerto Rico und Hawaii annektiert. Spanien verlor den
spanisch-amerikanischen Krieg und damit seine letzten
bedeutenden Kolonien. Amerika hatte den Kampf um die
Macht in der westliche Hemisphäre gewonnen und war damit
wie geplant zur imperialistischen Weltmacht aufgestiegen.

Der Weg zur Eroberung des asiatischen Marktes war durch
die Annektierung der Philippinen geebnet. Damit war das
Hauptziel der amerikanischen Eliten erreicht. Gleichzeitig war
die Bevölkerung Amerikas damit zufriedengestellt, dass Kuba
von seinem Kolonialherrn befreit worden war. Somit hatte
sich eigentlich alles zum Besten gewendet. Amerika erlebte
einen Aufschwung mit steigenden Preisen und zunehmenden
Wohlstand. Doch wie schon erwähnt, sind
liberalkapitalistische Wirtschaftsformen nicht vor Krisen
gefeit, sondern scheinen sie förmlich anzuziehen. Besonders
dann, wenn ein Aufschwung infolge der übertriebenen
Inanspruchnahme von Krediten zustande kommt und nicht
ausreichend Kapital vorhanden ist, um diese Kredite
abzudecken. (19) (20)

1907

Daher war es kein Wunder, dass Amerika 1907 in die nächste Finanzkrise geriet. Dies hatte zur Folge, dass annähernd fünf Millionen Menschen in die Arbeitslosigkeit getrieben wurden. Doch wie kam es genau zu dieser krisenhaften Situation? Es gibt Hinweise darauf, dass derjenige, der nach der Krise als Retter der amerikanischen Nation galt, selbst zu einem Großteil dazu beigetragen hat, dass es überhaupt zu dieser Krise kam. So haben die Banken von John Piermont Morgan, Hauptinhaber des Bankhauses J.P. Morgan & Co. und Besitzer diverser Eisenbahn- und Industriekonzerne, im August des Krisenjahres die Verlängerung von Kreditlaufzeiten ihrer Kunden aus angeblichem Geldmangel abgelehnt. Eine große Anzahl von Firmen, Banken und Privatleuten wurden dadurch zahlungsunfähig. Dies führte zu einem Vertrauensverlust gegenüber den Banken und zu einer Hortung von Bargeld in den Haushalten. Eine Panik unglaublichen Ausmaßes entstand.

Während des Höhepunktes der Finanzkrise, Ende Oktober trat dann Morgan als Retter der amerikanischen Nation hervor und stellte mehrere Millionen Dollar als Kredit zur Beendigung der Krise zur Verfügung. Die Krise konnte damit tatsächlich bezwungen werden. Die Situation beruhigte sich. Und Morgan hatte Gelegenheit, bedingt durch die krisenbedingt sehr niedrigen Aktienkurse, preiswert Aktien zu erwerben. Zudem war er durch die Finanzkrise einige unliebsame Mitbewerber losgeworden, die still und leise in den Konkurs gegangen waren. Insgesamt sollen Morgans Banken mit Hilfe der Krise drei Milliarden Dollar Gewinn gemacht haben. Anders als oft dargestellt, kann ich daher feststellen, dass es auch in schweren Krisenzeiten Gewinner gibt. Diese sind meist zahlenmäßig in der Minderheit, dafür sind ihre Gewinne, die sie aus Krisen schlagen, umso größer. Das ist ganz schön verrückt, oder? (21) (22)

Doch noch einen dritten Vorteil hatte die Finanzkrise von 1907 für Morgan und die anderen Mitglieder der amerikanischen Finanz- und Wirtschaftselite. Endlich konnte die langersehnte Gründung einer amerikanischen Zentralbank verwirklicht werden. Im Schatten der gerade überwundenen Krise trafen sich 1910 hochrangige Vertreter von Politik und Banken auf Jekyll Island, um im Geheimen über das zukünftige amerikanische Finanzsystem zu sprechen. Anwesend waren dort unter anderem Vertreter von Kuhn, Loeb & Co., National City Bank of New York, J.P. Morgan & Co. und Banker's Trust Company. Bei dem geheimen Treffen wurde die Vorlage für den „Federal Reserve Act" erarbeitet, aufgrund dessen es zur Gründung der amerikanischen Zentralbank kam. Warum fand dieses Treffen eigentlich unter strengster Geheimhaltung statt?

Hing das vielleicht damit zusammen, dass durch den „Federal Reserve Act" die privaten Großbanken, die an diesem Treffen beteiligt waren, dadurch ihre Macht nicht nur erhalten, sondern um ein Vielfaches ausweiten konnten? Ihnen damit die Möglichkeit gegeben wurde, dem Staat das Monopol auf die Geldschöpfung zu entwenden und Geld aus dem Nichts zu schaffen. Dieses aus dem Nichts geschaffene Geld wiederum dem Staat gegen die Zahlung von Zinsen zu leihen.

Wäre dies alles den Politikern und der Bevölkerung bekannt gewesen, dann wäre der „Federal Reserve Act" vielleicht niemals vom Kongress genehmigt worden. So aber nahm das Schicksal dank der guten Lobbyarbeit der privaten Großbanken seinen Lauf. Zu Beginn der Weihnachtsferien in 1913 wurde der Gesetzentwurf zum „Federal Reserve Act" im Kongress eingebracht und genehmigt. (23) (24) (25)

1914

Dank des ausbrechenden Krieges in Europa konnte sich die amerikanische Wirtschaft ein Jahr nach der Verabschiedung des „Federal Reserve Act" über erhebliche Zuwächse ihrer Exporte und einen großen Aufschwung freuen. Der Exportüberschuss, den die amerikanische Wirtschaft in den Kriegsjahren erzielte, stieg von einer Milliarde Dollar in 1914 auf zweiundachtzig Milliarden Dollar in 1918.

Aber nicht nur die amerikanische Rüstungsindustrie profitierte von dem Ausbruch des Krieges, sondern besonders auch deren Finanzindustrie. Trotzdem Amerika anfangs neutral war, wurde dem bekannten Bankhaus J.P. Morgan & Co. durch die amerikanische Regierung gestattet, dem Kriegsteilnehmer Frankreich einen Kredit in Höhe von über zwei Milliarden Dollar auszuzahlen. J.P. Morgan & Co war aber nicht die einzige amerikanische Bank, die mit dem Krieg Gewinne machte. So flossen während des ersten Weltkrieges Gelder verschiedener amerikanischen Banken an fast alle Beteiligte des Krieges.

Zunächst unverständlich ist, warum das neutrale Amerika dann doch noch in den Krieg gegen Deutschland und seine Verbündete eintrat, obwohl seine Bevölkerung strikt dagegen war? Mutmaßlich hing es damit zusammen, dass es einen Augenblick so aussah, als ob Deutschland den Krieg gewinnen könne und die amerikanischen Banken Angst davor hatten, dass ihre Milliardenkredite nicht zurückgezahlt werden würden. Ein anderer vorstellbarer Grund ist, dass mit dem Sieg über Deutschland, die einzige Industrienation, die Amerika auf ihrem Weg zur weltbeherrschenden Nation noch bedrohen konnte, für viele Jahre keine Gefahr mehr darstellen würde. Doch für die Teilnahme an dem Krieg musste die Bevölkerung Amerikas auf Kriegskurs gebracht werden. Dies geschah wie schon beim spanisch-amerikanischen Krieg durch Propaganda in Form von Zeitungsartikeln, Plakaten und Filmen.

Durch den Eintritt Amerikas in die Kampfhandlungen des ersten Weltkriegs musste ein Sieg Deutschlands nicht mehr befürchtet werden. Für die Niederlage Deutschlands und dafür, dass Amerika zum Hauptgläubiger der Weltwirtschaft wurde, ließen hunderttausend Amerikaner ihr Leben.

Deutschland galt als Alleinschuldiger des Krieges und musste daher auch allein die Kosten für den Krieg in Form von Reparationen tragen. England, Frankreich und Italien brauchten dieses Geld, um ihre Schulden bei den amerikanischen Banken begleichen zu können. Doch Deutschland war nicht in der Lage, die Reparationen in der gewünschten Form zu leisten, und musste seinerseits Kredite bei den amerikanischen Banken aufnehmen. Der alleinige und wahre Gewinner des ersten Weltkrieges stand somit fest. Die amerikanische Rüstungs- und Finanzindustrie. (26) (27) (28) (29) (30) (31)

Der Höhenflug der amerikanischen Wirtschaft setzte sich bis auf ein kurzes Krisenintermezzo bis zum Ende der zwanziger Jahre des zwanzigsten Jahrhunderts fort. Dank Automationsprozessen und Rationalisierungsmaßnahmen konnten immer mehr Güter immer preiswerter produziert werden. Gleichzeitig damit stiegen die Unternehmensgewinne und das Einkommen der Bevölkerung. Es entstanden neue Industriezweige wie die Automobilindustrie und die Elektroindustrie. Im selben Augenblick florierte auch die amerikanische Bauindustrie, da in den Ballungsgebieten eine Fülle neuer Bürogebäude und Fabriken aufgrund der umfangreichen Produktionsausweitung entstanden. Selbst Menschen, die über nicht so viel Geld verfügten, wollten an diesem Aufschwung teilhaben, und kauften sich mit Hilfe eines Ratenkredits Autos, Radios, Kühlschränke oder Staubsauger. Gutverdienende Menschen gingen dazu über, ihre Ersparnisse in waghalsige Börsenspekulationen zu investieren, um noch mehr Geld zu verdienen. Manche liehen sich auch Geld von den Banken, um damit Aktien zu kaufen, die sie nach einer gewissen Zeit wieder verkaufen wollten, um damit sowohl den Kredit abzuzahlen als auch einen satten Gewinn zu machen.

Bis zum Ende der zwanziger Jahre des zwanzigsten Jahrhunderts besaßen achtzehn Millionen Amerikaner Aktien. Doch die Höhe der Aktienkurse von Firmen spiegelte schon lange nicht mehr deren wirkliche Produktivität und deren wahren Wert wieder. Verrückt, doch das erinnert mich irgendwie an die heutige Zeit. Aber darauf werde ich später noch einmal zurückkommen.

Jetzt erinnern wir uns erst einmal daran, dass die Verabschiedung des „Federal Reserve Act" auch damit begründet wurde, dass dadurch zukünftige Krisen durch eine entsprechende Geldpolitik vermieden werden sollten. Hatte sich das denn wirklich bewahrheitet? Das „Federal Reserve System" war seit 1913 in Kraft. Zwischen 1921 und 1929 erhöhte das „Federal Reserve System" die Geldmenge in Amerika um über sechzig Prozent, gleichzeitig wurden die Leitzinsen gesenkt. Dies führte dazu, dass die Banken vermehrt Krediten vergaben. Außerdem kam es zu einem Aktienboom. (32) (33) (34)

1929

Doch dann folgte der Konjunktureinbruch. Die amerikanische Industrie schwächelte. Litt unter einem Rückgang der Nachfrage. Plötzlich fingen die Menschen an, das Vertrauen in die Aktien, die sie kurz vorher noch voller Begeisterung gekauft hatten, zu verlieren und wollten sie wieder verkaufen. Die Banken wiederum befürchten, dass die gewährten Kredite für Aktienkäufe nicht mehr zurückgezahlt werden und stellen sie zur sofortigen Rückzahlung fällig. Eine Panik brach aus. Der Börsencrash war da.

Wie reagierte nun das „Federal Reserve System"? Es erhöhte die Leitzinsen und reduzierte die Geldmenge. Schürte damit die Panik und führte damit mehr als neuntausend Banken in die Pleite, die von Großbanken geschluckt wurden. Aber dabei blieb es nicht.

Der Börsencrash in Amerika führte zu einer weltweiten Wirtschaftskrise. Die Industrieproduktion ging immer weiter zurück und Firmen entließen ihre Arbeiter. Die Preise befanden sich in einer Abwärtsspirale. Diese Deflation führte Amerika in zu einer tiefgreifenden Depression. Die Arbeitslosigkeit erreichte bald Höchststände. Fünfundzwanzig Prozent der arbeitenden Bevölkerung Amerikas waren schließlich arbeitslos. Sie lebten in bitterer Armut, denn im freiheitsliebenden Amerika gab es keine sozialen Sicherungssysteme. Die Obdachlosigkeit breitete sich zunehmend aus, da viele Menschen weder ihre Wohnungen noch ihre auf Kredit erworbenen Eigenheime weiterbezahlen konnten.

Und wie reagierte die amerikanische Regierung darauf? Der seit 1928 regierende Präsident Herbert Hoover war ein überzeugter liberalkapitalistischer Politiker und glaubte an die Selbstheilungskräfte des Marktes. Somit ergriff er keine Maßnahmen, die in irgendeiner Form die Rechte der Wirtschaft und der Finanzindustrie beschnitten. Die Krise hielt an. (35) (36) (37) (38)

Erst sein Nachfolger im Präsidentenamt, Franklin Delano Roosevelt, der mit dem „New Deal" eine teilweise Abkehr von der liberalkapitalistischen Politik all seiner Vorgänger vollzog, gelang es, die Krise Amerikas in den Griff zu bekommen. Roosevelt folgte damit den Vorstellungen der Keynesianer, die davon ausgehen, dass in krisenhaften Zeiten der Staat eingreifen muss, um die Wirtschaft zu stabilisieren. Es wurden Bauprojekte ins Leben gerufen, für die Arbeiter angestellt wurden. Diese verdienten Geld, das wieder in die Wirtschaft floss. Gleichzeitig wurde die Infrastruktur verbessert. Nach und nach fand Amerika einen Weg aus der Krise.

Wichtigste Maßnahme in Bezug auf die Banken und die Vermeidung eines erneuten Bankenzusammenbruchs war der „Glass-Steagall Act" durch den das Trennbankensystem eingeführt wurde. Geschäftsbanken durften nur noch das reguläre Kredit- und Einlagengeschäft betreuen, während für das hochrisikoreiche Wertpapiergeschäft spezialisierte Investmentbanken zuständig waren.

Zudem beinhaltete der „New Deal" die Einführung einer Sozialversicherung und eines allgemeinen Mindestlohns. Alles Dinge, die dem Normalverdiener in Amerika Vorteile brachten.

Entgegen aller Bedenken wurde der Spitzensteuersatz durch die Regierung von Roosevelt auf Neunundsiebzig Prozent und die Erbschaftsteuer auf Siebenundsiebzig Prozent erhöht. Dadurch erfolgte kein wirtschaftlicher Zusammenbruch, sondern vielmehr ein Wachstum der Wirtschaft. Es entstand eine breite Mittelschicht in Amerika.

Allerdings war Amerika trotz dieser Maßnahmen weit davon entfernt, sich endgültig vom Liberalkapitalismus zu verabschieden. Er wurde etwas besänftigt, aber die Machtbestrebungen der Wirtschaft und der Finanzindustrie wurden dadurch kaum gebremst. (39) (40)

1941

So war es auch kein Wunder, dass Amerika 1941 in den Krieg gegen Deutschland eintrat. Die amerikanische Wirtschaft schwächelte erneut und ein Kriegseinsatz würde die lahmende konjunkturelle Entwicklung schnell wieder auf Vordermann bringen. Zudem war Deutschland in den Bereichen Wissenschaft und Technik weltweit eine der führenden Nationen und Amerika weit überlegen. (41) (42) (43)

Doch wie schon beim ersten Weltkrieg waren Dreiviertel der Bevölkerung Amerikas gegen eine Beteiligung an dem Krieg gegen Deutschland und seine Verbündeten. Das veranlasste Roosevelt dazu, während seines Wahlkampfes zu beteuern, dass er nicht beabsichtigte, mit Amerika in den Krieg einzutreten. Vielmehr erklärte er Amerika für neutral. Doch entgegen all seiner Beteuerungen, dass Amerika neutral sei, wurde England heimlich mit amerikanischen Krediten und Waffen ausgestattet, Deutschland wiederholt provoziert und Japan durch ein Stahl- und Öl-Embargo unter starken wirtschaftlichen Druck gesetzt. Auf Initiative von Roosevelt startete außerdem ein kreditfinanziertes umfangreiches Aufrüstungsprogramm und wurde die Wehrpflicht eingeführt.

Wie kann es einem nun gelingen, die kriegsunwillige Bevölkerung auf einen weiteren weltweiten Krieg einzuschwören? Entsprechende Pressekampagnen zeitigten nicht den gewünschte Erfolg. Da kam der amerikanischen Regierung der von ihnen provozierte Angriff durch Japan auf die amerikanische Marinebasis Pearl Harbor auf Hawaii sehr gelegen. Dieser scheinbar völlig überraschende Angriff, war von Amerika bewusst zugelassen worden, um die öffentliche Meinung für einen Eintritt in den Krieg zu gewinnen. Die Truppenbewegungen von Japan waren Amerika stets bekannt gewesen und somit auch der Anflug der japanischen Kampfflugzeuge auf Pearl Harbor.

Wie erwünscht, kam es nach dem Angriff zu einem lauten Aufschrei und einen Stimmungsumschwung in der Bevölkerung Amerikas. Das Schüren von Nationalismus und Patriotismus war durch dieses Ereignis doch noch von Erfolg gekrönt worden. Nun stand einem Eintritt in den Krieg nichts mehr im Wege. Amerika erklärte Japan den Krieg. (44) (45) (46) (47)

Der lange schwelende Konflikt zwischen Deutschland und Amerika wiederum endete kurz danach mit einer Kriegserklärung Deutschlands. Die Feindbilder waren jetzt klar definiert und jede Seite der Kriegsgegner nahmen für sich in Anspruch, für die richtige Sache zu kämpfen. Amerika stand dabei für einen friedlichen und freien Welthandel ein, der aber nur seiner Wirtschaft zu Gute kommen sollte.

Gewinner gab es auch in diesem Krieg nur sehr wenige. Die über sechzig Millionen Menschen, die währenddessen gestorben waren, zählen sicherlich nicht dazu. Auch nicht die über dreizehn Millionen Opfer des deutschen Rassenwahns. Dann schon eher die Menschen, die dem sogenannten „militärisch-industriellen Komplex" und der Finanzindustrie vorstanden und zwar auf beiden Seiten der kriegerischen Parteien. Denn wie üblich wurden auch mit diesem Krieg satte Gewinne gemacht. (48) (49)

1944

Zudem hatte Amerika es geschafft, dass nach dem Treffen von Bretton Woods in 1944 der Dollar zur weltweiten Leitwährung wurde und viele anderen Währungen mit festen Wechselkursen an ihn gekoppelt wurden. Dazu wurde der Dollar an Gold gebunden. Zur Stabilisierung dieses Systems wurde der Internationalen Währungsfonds (IWF) gegründet, der durch eine Sperrminorität in fester Hand von Amerika war und die Interessen seiner Finanzindustrie vertrat. (50) (51)

Die einzige Organisation, die diese weltweite Leitwährung herausgeben durfte, war das „Federal Reserve System", das sich wie schon beschrieben in den Händen von diversen amerikanischen Großbanken befand. Im Bedarfsfall konnten durch das „Federal Reserve System" beliebig viele Dollar gedruckt, also Reichtum aus dem Nichts geschaffen werden. Der Weg für Amerika war somit geebnet, auf nahezu alle Märkte der Welt mit ihren Waren und ihrer Währung vorzustoßen. (24)

Die Ausbreitung von Amerika erfolgte aber nicht nur wirtschaftlich, sondern auch militärisch. Nach dem zweiten

Weltkrieg war Amerika in fast allen Teilen der Welt mit seinen Militärbasen vertreten. Ob Europa, Afrika, Arabien, Asien oder Südamerika, überall waren amerikanische Militärs anzutreffen. (52)

Mit dem siegreichen Ende des Krieges tat sich darüber hinaus für Amerika ein neues Betätigungsfeld auf. Es eignete sich in Deutschland geistiges Gut und Patente im Wert von vielen Milliarden Dollar an. Amerikas Industrie war damit in der Lage, sich technologisch vom Rest der Welt in großen Schritten abzusetzen. (43)

Europa lag in Schutt und Asche. Zerbombt mit Hilfe von amerikanischen Bomben und Granaten. Hier war es Zeit dafür, ein Aufbauprogramm zu starten. Denn nur ein stabiles und lebensfähiges Europa war ein Garant dafür, dass die amerikanische Wirtschaft auch weiterhin ihren wichtigsten Exportmarkt zur Verfügung hatte, denn Amerikas Industrie und Landwirtschaft produzierten stets mehr Waren als der heimische Markt aufnehmen konnte und benötigten daher weltweite Absatzmärkte für ihre Produkte.

Der Aufbau Europas musste aber entsprechend amerikanischer Vorgaben erfolgen. So wurde der sogenannte „Marshall-Plan" ins Leben gerufen, der als Mittel angesehen wurde, eine liberalkapitalistische Wirtschafts- und Gesellschaftsordnung in Europa aufzubauen und zu festigen. Die Bewilligung der Gelder für den „Marshall-Plan" durch den amerikanischen Kongress erfolgte angesichts der wachsenden Bedrohung durch die kommunistische Sowjetunion.

Gelder flossen aber nur dann, wenn sichergestellt war, dass linke und neutralistische Kräfte aus den europäischen Regierungen und Parlamenten ferngehalten wurden. Denn das neue Europa sollte nach den Wünschen Amerikas agieren und nicht etwa der kommunistischen Sowjetunion zu nahe rücken. Begleitet wurde der „Marshall-Plan" durch umfangreiche Propagandamaßnahmen. Sie dienten dazu, die Segnungen der amerikanischen Hilfen hin zum Aufbau einer liberalkapitalistischen Wirtschafts- und Gesellschaftsordnung anzupreisen und gleichzeitig vor den Gefahren des Kommunismus zu warnen. (53) (54) (55)

Deutschland war besiegt und sein westlicher Teil wurde im vereinten Europa Verbündeter und Vasall von Amerika. Schon länger war klar, wer sein Nachfolger als der größte Feind des freiheitsliebenden und demokratischen Amerikas werden würde. Die kommunistische Sowjetunion und ihre Verbündeten. Bis vor kurzem noch Bündnispartner, jetzt der schlimmste Feind, der vorstellbar war. Das geht manchmal recht schnell. Verrückt, oder?

Aber ganz so war es dann doch nicht. Amerika hatte schon während des zweiten Weltkrieges mit Hilfe des „Council on Foreign Relations" geplant, wie es sich die Herrschaft über die Weltwirtschaft sichern oder diese sogar ausweiten konnte. Dabei wurden die Sowjetunion und China ganz deutlich als Gegner definiert. Das „Council on Foreign Relations" war 1921 von hochrangigen Mitgliedern der Wirtschaft und Finanzindustrie gegründet worden, um auf die Außenpolitik von Amerika Einfluss zu nehmen. Hier versammelten sich Angehörige der Eliten Amerikas, die der Ansicht waren, dass es nur einer kleinen Gruppe von Auserwählten gelingen konnte, die richtigen Entscheidungen für Amerika zu treffen. Das konnte natürlich nur unabhängig vom Willen des gemeinen Volkes geschehen, das nicht überblicken konnte, was gut für es war. (56)

Daher wurden auch sämtliche Bestrebungen in europäischen Ländern, sich linken oder kommunistischen Gedankeninhalten zu nähern, gewaltsam unterbunden. So geschehen in Griechenland, Italien und Frankreich. Die Sowjetunion und ihre Bewohner wurden dank schleichender Propaganda das Feindbild schlechthin. (57) In der amerikanischen Bevölkerung kam die Furcht vor der Sowjetunion schon einer paranoiden Angst sehr nahe. Immer lauter wurden die Stimmen diesen unmenschlichen und grausamen Feind mit Hilfe eines atomaren Erstschlages zu vernichten, ehe er das mit Amerika tun konnte. Der Weg in den kalten Krieg war getan. Ein neues lohnendes Geschäft für den „Militärisch-industriellen Komplex" begann. (58) (59)

1949

Warum letztendlich die Sowjetunion und damit auch Europa bis heute noch keine atomare Wüste sind, verdanken wir wahrscheinlich nur dem Zufall, denn in Amerika entstanden nach dem Ende des zweiten Weltkrieges fast ein Dutzend Pläne, wie man die verhasste Sowjetunion dank eine atomaren Erstschlages vernichten konnte. Dazu standen in 1949 Amerika zweihundertfünfzig Atombomben zur Verfügung, die Sowjetunion besaß zu diesem Zeitpunkt dagegen keine.

Der grausame Abwurf zweier Atombomben auf Japan, trotz der angebotenen Kapitulation Japans, ist mit diesem Wissen als deutliche Warnung gegenüber der Sowjetunion zu sehen, sich den amerikanischen Plänen in Europa nicht zu widersetzen. (60) (61) (62)

Im gleichen Sinne ist auch die Gründung der North Atlantic Treaty Organization (NATO) zu sehen, die 1949 auf amerikanischen Boden erfolgte. Aber sie diente nicht nur dazu, die Sowjetunion aus dem westlichen Europa herauszuhalten und damit den europäischen Markt für amerikanische Produkte zu sichern, sondern auch um Deutschland im Zaum zu halten. Der Antikommunismus war ein wichtiges Standbein dieser militärischen Organisation. Genauso wie die Tatsache, dass Amerika und seine Interessen in der NATO immer den Ton angeben würden. (63) (64)

1950

Zu dem ersten größeren Konflikt zwischen Amerika und der Sowjetunion kam es während des Koreakrieges in 1950. Die Armee der Sowjetunion hatte die japanische Armee auf der koreanischen Halbinsel im Auftrag der verbündeten Amerikaner, Engländer und Franzosen 1945 besiegt und zur Kapitulation gezwungen. Demzufolge wurde die Rote Armee dort als Befreier von dem Kolonialherrn Japan begrüßt. Nach ihrer Befreiung wählten die Koreaner örtliche Volkskomitees als Träger eines demokratischen Neubeginns und bildeten die Regierung der Volksrepublik Korea. Dies wurde von der Armee der Sowjetunion toleriert. Die amerikanische Armee, die den südlichen Teil der Halbinsel aufgrund der Vereinbarung von Jalta besetzt hatte, ignorierte das aber und setzte eine ihr genehme Regierung ein. Ihnen waren die örtlichen Volkskomitees viel zu demokratisch und damit abzulehnen.

Da die eingesetzte Regierung unter Beteiligung der Eliten, die mit den Japanern kollaboriert hatten, entstanden war, gab es für sie im südkoreanischen Volk nur wenig Rückhalt. Es kam zu gewaltsamen Protesten. Die Bevölkerung Südkoreas war deswegen zunehmenden Druck und Einschüchterungsmaßnahmen ausgesetzt.

In beiden Hälften des Landes kam es zu Wahlen. Während im Süden die bisherige konservative und liberalkapitalistische Regierung bestätigt wurde, die von Amerika unterstützt wurde und aus Kollaborateuren bestand, gewannen im Norden die ehemaligen Widerstandskämpfer, die gegen die japanische Kolonialherrschaft gekämpft hatten und ein unabhängiges, demokratisches Korea schaffen wollten. Somit war der Konflikt zwischen den beiden Landesteilen vorherbestimmt.

Immer wieder kam es zu militärischen Zwischenfällen zwischen den beiden Landesteilen, bis schließlich Nordkoreas

Panzereinheiten bis tief in den Südteil des Landes eindrangen. Mit Hilfe eines UN-Mandats griffen die Amerikaner ein und führten eine Gegenoffensive durch. Sie trieben die nordkoreanischen Truppen bis zur chinesischen Grenze, was wiederum das Eingreifen Chinas zur Folge hatte, dass die nordkoreanischen Truppen durch chinesische Freiwilligeneinheiten verstärkte. So kam es innerhalb von kürzester Zeit zum zweiten Mal dazu, dass Amerikas Militär plante, einen nuklearen Erstschlag durchzuführen. Diesmal gegen China. Doch auch davon blieb die Welt glücklicherweise verschont. Trotzdem sind über vier Millionen Koreaner diesem Krieg zum Opfer gefallen, der Großteil davon Zivilisten. Außerdem ließen die Bomber der Amerikaner ein zerstörtes Land zurück. Nach zähen Verhandlungen kam es 1953 schließlich zur Unterzeichnung eines Waffenstillstandsabkommens und zum Ende der Kampfhandlungen. Korea blieb ein geteiltes Land und Amerika hatte mit Südkorea einen wichtigen Brückenkopf in der Nähe der Sowjetunion und China gewonnen. (65) (66)

Nach dem zweiten Weltkrieg kam es zu einem zwei Jahrzehnte anhaltenden Wirtschaftsaufschwung in Amerika. Neben dem Wiederaufbau in Europa und den anhaltend steigenden Rüstungsausgaben, waren dafür eine Vielzahl von Fortschritten in Technik und Produktion verantwortlich. Zudem sorgte der „New Deal" mit seiner keynesianischen Wirtschaftspolitik für ein funktionierendes Sozialsystem und starke Investitionstätigkeiten des Staates. Auch an der Regulierung der Finanzindustrie sowie an der steigenden Besteuerung für große Einkommen wurde in dieser Ära festgehalten. Und dank der erstarkten Gewerkschaften, landete von den Profiten der Industrie auch ein Teil in den Taschen der Arbeiter und Angestellten, die dieses Geld fleißig ausgaben, um sich begehrte Konsumgüter wie Autos, Fernseher etc. anzuschaffen. (67) (68)

1962

Allerdings blieb auch diese Zeit nicht von politischen Krisen verschont. So wurde aus dem kalten Krieg zwischen Amerika und der Sowjetunion 1962 beinahe ein heißer. 1959 wurde auf Kuba der dortige amerikahörige Diktator Fulgencio Batista im Rahmen einer Revolution gestürzt. Als Amerika nach der Verstaatlichung von amerikanischen Banken und Raffinerien durch die Revolutionsregierung ein Embargo gegen Kuba verhängte, wandte sich der Revolutionsführer Fidel Castro hilfesuchend an die Sowjetunion. Diese ging auf dieses Hilfeersuchen ein und sagte Kuba wirtschaftliche und militärische Unterstützung zu.

Das schon vorhandene Ziel, Amerikas Castro zu entmachten, wurde damit nochmals priorisiert. In Kuba sollte nach Planungen von General Lyman Louis Lemnitzer ein Militärregime unter amerikanischer Kontrolle installiert werden, wie es durch den CIA schon verschiedentlich in anderen Ländern geschaffen worden war.

Im Rahmen einer paramilitärischen Aktion war geplant, Exilkubaner die Revolutionsregierung stürzen zu lassen. Diese Pläne wurden John Fitzgerald Kennedy präsentiert, der erst vor kurzem das Amt des Präsidenten von Dwight David Eisenhower übernommen hatte. Er genehmigte sie, allerdings mit der Einschränkung, dass die amerikanische Luftwaffe die Aktion nicht unterstützen durfte. Im April 1961 erfolgte die Landung der Exilkubaner in der Schweinebucht auf Kuba. Die Konterrevolutionäre stießen dabei auf erbitterten Widerstand. Außerdem blieben dringend benötigte Nachschublieferungen aus. Die Invasion scheiterte.

Später stellte sich heraus, dass Kuba vorab durch seine Spione über den Angriff informiert worden war und sowohl General Lemnitzer als auch der CIA über die mangelnden Erfolgsaussichten Bescheid wussten, die aber in Kauf nahmen, um den Misserfolg der Aktion dem amerikanischen Präsidenten Kennedy ankreiden zu können.

Nach diesem Debakel gab es Pläne, die Einnahme Kubas mit Hilfe des amerikanischen Militärs durchzuführen. Der Vereinigte Generalstab schlug eine Inszenierung von terroristischen Anschlägen auf amerikanische Schiffe und Flugzeuge durch angebliche Kubaner vor, die eine Invasion von Kuba gerechtfertigt hätten. Auch ein angeblicher Angriff kubanischer Soldaten auf die amerikanische Basis in Guantanamo Bay standen dabei auf der Agenda. (69) (70)

Zudem kamen erneut Planungen für einen atomaren Erstschlag im Rahmen der Kuba-Krise auf den Tisch. General Lemnitzer hatte dem amerikanischen Präsidenten Kennedy vorgeschlagen, die Sowjetunion und China präventiv mit Atomwaffen anzugreifen. Der Beginn des Erstschlages war für den Dezember 1963 vorgesehen.

Kennedy behagten all dieses Planungen nicht und er lehnte sie deshalb ab. Stattdessen initiierte er die Gründung einer speziellen Gruppe, die eine Lösung für das Kuba-Problem erarbeiten sollte. Dort wurden Pläne für Sabotageakte, Bombenattentate und Mordpläne erarbeitet. Insbesondere Revolutionsführer Castro stand im Focus dieser Planungen.

Als im August 1961 zwischen Ost- und West-Berlin die Mauer errichtet wurde, näherte sich der Konflikt zwischen Amerika und der Sowjetunion seinem Höhepunkt. An Checkpoint Charlie standen sich in diesen Tagen sowjetische und amerikanische Panzer kampfbereit gegenüber.

Knapp ein Jahr später wurden durch ein amerikanisches Spionageflugzeug Raketenstellungen auf Kuba entdeckt. Dies war die sowjetische Reaktion auf die Stationierung amerikanischer Atomraketen in der Türkei. Kennedy befahl daraufhin die Blockierung der Seewege von und nach Kuba. Ab diesem Zeitpunkt kam es zu mehreren militärischen Zwischenfällen zwischen Amerika und der Sowjetunion. So wurde ein Spionageflugzeug der amerikanischen Armee über

Kuba durch eine sowjetische Rakete abgeschossen. Kennedy verbot seinen Militärs den eigentlich für solche Fälle vorgesehenen Vergeltungsschlag durchzuführen, nahm stattdessen Kontakt zu dem russischen Botschafter in Amerika, Anatoli Fjodorowitsch Dobrynin auf und vereinbarte mit ihm und Nikita Sergejewitsch Chruschtschow den Abzug der amerikanischen Atomraketen aus der Türkei. Die Gefahr eines dritten Weltkrieges war auf diplomatischem Weg ganz knapp gebannt worden. (71)

Diese Art den Konflikt beizulegen, wurde Kennedy durch den Vereinigten Generalstab als Schwäche ausgelegt. Der Generalstab war weiterhin der Überzeugung, dass nur eine massive atomare Vergeltung ein angemessenes Mittel zur Konfliktlösung war.

Kennedys Misstrauen gegenüber dem Generalstab war inzwischen so groß, dass durch ihn veranlasst wurde, dass zur Aktivierung der Atombomben ein Freischaltcode benötigt wurde, den der Präsident immer bei sich trug. Doch seine Pläne gingen noch weiter. Er wollte eine Abkehr vom nuklearen Erstschlag und eine Beendigung des Kalten Krieges herbeiführen. Zudem hatte er vor, das Engagement Amerikas in Vietnam zu beenden. Was diese Absichten bei den rechtsgerichteten Mitgliedern des Generalstabs und dem übrigen „Militärisch-industriellen Komplex" auslösten, kann sich jeder an fünf Fingern abzählen. Sie waren darüber absolut nicht amüsiert. (72)

Aber Kennedy hatte sich nicht nur Feinde beim Militär gemacht. Haroldson Hunt, der zu dieser Zeit zu den reichsten Männern der Welt zählte, kritisierte Kennedy heftig dafür, dass er nicht härter gegen die Sowjetunion und den sich ausbreitenden Kommunismus vorging. Hunt war der religiösen Rechten zugehörig und unterstützte mit seinem Geld rechtsradikale und fremdenfeindliche Gruppierungen. Reich war er mit der Förderung von Öl geworden. (73)

Doch auch die Finanzindustrie lernte Kennedy hassen, denn mit der „Executive Order 11110", die er im Juni 1963

unterzeichnete, wurde das „Federal Reserve System"
entmachtet und kehrte die Gewalt über die Herstellung von
Banknoten zumindest zeitweise wieder in die Hände des
amerikanischen Staates zurück.

Im November 1963 wurde Kennedy ermordet. Das „Federal
Reserve System" erhielt durch seinen Nachfolger Lyndon
Baines Johnson seine Befugnisse zurück. Zudem war von der
Abkehr vom nuklearen Erstschlag und einer Beendigung des
Kalten Krieges keine Rede mehr. (74) (75) (76)

1964

Amerika trat 1964 in den Krieg um Vietnam ein. Sie denken,
dass es verrückt wäre, irgendwelche Zusammenhänge mit
der Ermordung Kennedys zu sehen? Nun, das bleibt jedem
selbst überlassen.

Tatsache ist, dass der Eintritt Amerikas in den Vietnam-Krieg
kein Zufall war. Wie schon vorher in Korea und auf Kuba
drohten die Kommunisten in ganz Vietnam die Macht zu
übernehmen. Da fühlte sich Amerika selbstverständlich
verpflichtet, einzugreifen und die Kommunisten aus dem Land
zu jagen. Zunächst war es aber Frankreich, das die Rolle des
Kolonialherren nach Japan in Vietnam einnehmen und in den
Genuss des Abbaus von Kautschuk und Kohle kommen
wollte. Die Vietnamesen waren allerdings die Unterdrückung
durch irgendwelche fremde Mächte leid und zeigten mehr
Widerstand gegen die Besatzer als erwartet. Frankreich
musste sich 1954 geschlagen geben. Ergebnis war ein
geteiltes Land. Der Norden von den Vietminh unter Ho Chi
Minh beherrscht und der Süden durch den Diktator Ngo Dinh
Diem.

Amerika war auch in diesem Fall auf der Seite des autoritären
Diktators zu finden, der über hunderttausend politische
Gegner inhaftieren und über zehntausend Menschen

ermorden ließ. Ursprünglich im Waffenstillstandsabkommens mit Frankreich vereinbarte freie Wahlen wollte Diem nicht zulassen, da er die berechtigte Angst hatte, dass damit die Vietminh unter Minh die Macht über ganz Vietnam gewinnen würden. Die Situation entglitt dem Diktator immer mehr, so dass Amerika sich entschied, ihn durch einen Militärputsch entmachten zu lassen. Aber auch die nachfolgenden Militärregierungen erwiesen sich als machtlos gegen die zunehmend stärker werdenden Nationale Front für die Befreiung Südvietnams (Vietcong), die aus den Vietminh unter Minh hervorgegangen waren.

Amerika musste wieder einmal einen Anlass finden, um aktiv in die Befreiung Nordvietnams von den kommunistischen Umtrieben eingreifen zu können. Und wie geht das besser als mit einer Lüge?

Am vierten August 1964 wurden die „U.S.S. Maddox" angeblich zum wiederholten Mal durch nordvietnamesische Schnellboote angegriffen. Diese Lüge nahm der amerikanische Präsident Lyndon Baines Johnson zum Anlass, sich vom amerikanischen Kongress den Kriegseintritt von Amerika gegen Nordvietnam genehmigen zu lassen. Bald darauf begann die Bombardierung Vietnams und die Entsendung von Bodentruppen.

Der Vietnamkrieg war von einer unmenschlichen Grausamkeit geprägt. Die amerikanische Armee bombardierte das Land ohne Unterlass und zerstörte jegliche Infrastruktur. Neben konventionellen Waffen kamen insbesondere Napalmbomben und das hochgiftige Entlaubungsmittel Agent Orange zum Einsatz. Vielfach wurde damit die Zivilbevölkerung getroffen, die zudem auch Opfer der amerikanischen Bodentruppen wurde. Das Massaker von My Lai war dabei nur einer von vielen Vorfällen, die in Vietnam stattfanden. Hier haben zweiundzwanzig amerikanische Soldaten über fünfhundert unschuldige Vietnamesen ermordet. Die amerikanischen Soldaten waren diesem Guerilla-Kampf nicht gewachsen. Viele desertierten oder wurden drogenabhängig. Annähernd ein Drittel von ihnen litt nach diesem Krieg an psychischen Erkrankungen, wurden also förmlich verrückt. (77) (78)

Der Vietnam-Krieg forderte viele Todesopfer. Bis zu fünf Millionen Vietnamesen starben in ihm, die meisten davon Zivilisten. Auch die Amerikaner hatten Verluste zu verzeichnen. Von ihnen fielen fast sechzigtausend Soldaten. Ungezählt sind die Opfer, die durch den Krieg verstümmelt oder vergiftet wurden. Trotzdem kam der Oberbefehlshaber der amerikanischen Streitkräfte in Vietnam, General William Childs Westmoreland auf die Idee, Atomwaffen gegen Nordvietnam einzusetzen. Nachdem Präsident Johnson davon erfahren hatte, befahl er seinem General, diese Pläne umgehend fallen zu lassen. Ob mit oder ohne Atomwaffen, der Vietnam-Krieg ging für Amerika verloren. (79) (80)

1973 unterzeichnete Amerika ein Waffenstillstandsabkommen und zog seine Truppen ab.

Das Ende des Vietnam-Krieges war neben den militärischen Misserfolgen der amerikanischen Armee den laut vorgebrachten Vorbehalten der amerikanischen Bevölkerung durch Proteste und Demonstrationen zu verdanken. Die ständige Medienpräsenz des Krieges und seine Bestialität und Unmenschlichkeit, führten bei vielen Menschen in Amerika zu einer ausgeprägten Kriegsmüdigkeit und Ablehnung von weiteren Kampfhandlungen. Auch die immer größer werdende Zahl amerikanischer Kriegsopfer verschlechterte die Stimmung in Amerika. Das Ansehen von Amerika in der Welt wurde durch den Vietnam-Krieg und die Grausamkeit seiner Kriegsführung stark beschädigt. Das hässliche Gesicht des amerikanischen Imperiums kam für einen kurzen Moment zum Vorschein und erschütterte die Welt. In späteren Kriegen hatte das Pentagon dazugelernt und war so schlau, nur noch gefilterte oder bereinigte Informationen an die Öffentlichkeit weiterzugeben. (81)

Neben den Verlierern des Krieges, standen nun die Profiteure fest. Die Rüstungskonzerne hatten durch den Vietnam-Krieg einen regelrechten Boom zu verzeichnen gehabt. Zudem

freuten sich die Chemieindustrie über jedes Gramm
Entlaubungsmittel Agent Orange und jeden Milliliter Benzin-
Gemisch Napalm, das über Vietnam niedergegangen war.
(82)

Problem dabei war allerdings, dass sich Amerika durch die
immensen Kosten des Krieges hoch verschuldet hatte und
immer mehr amerikanisches Dollars die Weltmärkte
überfluteten. Die damit steigende Inflation übertrug sich
durch das in Bretton Woods vereinbarte System fester
Wechselkurse auf alle anderen Länder, die darin mit Amerika
verbunden waren. Außerdem schwächte dieses System die
preisliche Wettbewerbsfähigkeit der amerikanischen
Wirtschaft gegenüber ihrer Konkurrenz in Deutschland und
Japan.

1971

Auch das Vertrauen in die Fähigkeit von Amerika zur
Einhaltung der Goldeinlösungsverpflichtung nahm zu diesem
Zeitpunkt immer mehr ab und wäre angesichts der großen
kursierenden Dollarmenge faktisch durch Amerika kaum noch
zu bewerkstelligen gewesen. Also tat die amerikanische
Regierung unter Präsident Richard Milhous Nixon das, was
ihrer Ansicht nach getan werden musste. Sie hob die
Golddeckung des Dollar auf und gab die bestehenden festen
Wechselkurse frei. Somit wurde aus dem Dollar eine von
keinem realen Wert mehr gedeckte Währung. Der Dollar
konnte nun beliebig aus dem Nichts geschaffen werden und
ohne das dem irgendetwas Substanzielles entgegenstand.
(83)

Der erste Schritt hin zur Etablierung der Finanzmärkte war
damit getan. Es gab keine Einschränkung mehr, die
Dollarmenge immer weiter zu erhöhen, wenn das
wirtschaftspolitisch gewollt war. Der Dollar war zu einer Ware

geworden, mit der man spekulieren konnte. Damit einher ging der immer lauter werdende Ruf, die bestehende Regulierungen und Einschränkungen aufzuheben. Die Ideologie des Neoliberalismus mit seinen Zielen der Deregulierung und Privatisierung wurde zunehmend einflussreicher. (84)

Die Aufhebung der festen Wechselkurse und die Lösung von der Golddeckung hatten aber noch eine andere Wirkung. Sie führten zu einer Entwertung des Dollar gegenüber den europäischen Währungen D-Mark, Pfund, Franc etc. um fünfundzwanzig Prozent. Dies traf besonders die Erdöl exportierenden Länder (OPEC), die nach einer Vereinbarung zwischen Amerika und Saudi Arabien ihre Ölverkäufe nur noch in Dollar (Petrodollar) tätigten und damit hohe Wertverluste ihrer Einnahmen in Kauf nehmen mussten. Um diese Verluste auszugleichen, erhöhten die Erdöl exportierenden Länder massiv die Preise für Erdöl, was zwar politisch begründet wurde (Yom-Kippur-Krieg), aber zu großen Teilen ökonomische Ursachen hatte. Es kam zum ersten Ölpreisschock. (85)

Besonders betroffen von der massiven Erhöhung der Ölpreise waren die Länder, die über keine eigenen Erdölvorkommen verfügten. Dazu gehörten Japan und Deutschland und damit gerade die Länder, die zu dieser Zeit die größten Konkurrenten von Amerika auf dem Weltmarkt darstellten. Hier verursachten die gestiegenen Ölpreise ein starkes Zurückgehen der Konjunktur und gleichzeitig einen kräftigen Anstieg der Inflation (Stagnation). Es kam zu massiven Produktionsrückgängen in der Industrie und zu Massenentlassungen.

Amerika profitierte zunächst von der Schwäche seiner Konkurrenten, aber auch durch die hohen Leitzinssätze, die das „Federal Reserve System" festgelegt hatte. Ein Großteil der Dollar, die die Erdöl exportierenden Länder (OPEC) einnahmen, landeten wieder in Amerika und wurde dort investiert. Zudem machten die amerikanischen

Ölgesellschaften, die fast neunzig Prozent der Ölreserven außerhalb von Amerika und der Sowjetunion unter ihrer Kontrolle hatten, und die amerikanische Finanzindustrie satte Gewinne in dieser Krise.

Die amerikanische Industrie konnte sich allerdings auf Dauer nicht der krisenhaften Entwicklung entziehen. Zumindest das verarbeitende Gewerbe litt deutlich daran, dass ihre Überproduktion keine Abnehmer mehr fand und damit die Profitrate deutlich fiel. Dies führte dazu, dass Teile der Industrie angesichts mangelnder Einnahmen Kredite nicht mehr zurückzahlen konnten und die finanzierenden Banken ins Straucheln gerieten. In der Zeit zwischen 1974 und 1975 gab es in Amerika daher fast ein Drittel mehr Firmenpleiten als die Jahre vorher. Amerika war in der Krise angekommen. (86)

1979

Jetzt war der Zeitpunkt gekommen, dass die Machteliten in Amerika die durch Think Tanks lange vorbereitete Gelegenheit ergriffen, um den Wohlfahrtsstaat des „New Deal" in die Schranken zu weisen und damit die ökonomische Freiheit als wichtigstes Ziel auf die Agenda zu setzen.

Vordenker dieser neoliberalen Ideologie war die Mont Pelerin Society, eines der bedeutendsten neoliberalen Elitenetzwerke der Welt. Die Mont Pelerin Society, die 1947 gegründet wurde und deren Mitglieder Wissenschaftler und Philosophen waren, war seit ihrer Gründung eng mit der Finanzindustrie, der Wirtschaft und den Medien verbunden. Die große Depression in 1929 hatte den Mitgliedern der Mont Pelerin Society verdeutlicht, dass die herrschende liberalkapitalistischen Wirtschafts- und Gesellschaftsordnung nicht aus sich selbst heraus stabil war, sondern eines Staates, der die Rahmenbedingungen und die Infrastruktur für die Entfaltung ökonomischer Freiheit bereitstellte, und natürlich einer entsprechenden Ideologie, dem Neoliberalismus, bedurfte. (87) (88)

Einer der größten Wegbereiter des Neoliberalismus gelang es 1979 Vorsitzender des „Federal Reserve System" in Amerika zu werden. Damit begann die große Zeit des Neoliberalismus in Amerika. Paul Adolph Volcker versprach gegen die herrschende Inflation in Amerika vorzugehen. Das gelang ihm auch tatsächlich.

Allerdings tat er noch mehr. Durch die Leitzinserhöhungen des „Federal Reserve System" auf über zwanzig Prozent und die Begrenzung des Wachstums der nationalen Geldmenge, schaffte er es, dass für amerikanische Firmen die Aufnahme von Krediten immer teurer wurden und schließlich von vielen nicht mehr zurückgezahlt werden konnten. Tausende Firmen gingen dadurch Pleite, mussten ihre Fabriken schließen und ihre Arbeitskräfte entlassen. Es wurde eine Rezession unglaublichen Ausmaßes ausgelöst, die Millionen von Menschen in die Arbeitslosigkeit trieb. Schließlich lag die Arbeitslosenquote in Amerika bei über zehn Prozent.

Massenarbeitslosigkeit war in Amerika dank des Neoliberalismus zum Normalzustand geworden. Die Menschen, die noch einen Arbeitsplatz besaßen, hatten Angst ihn ebenfalls zu verlieren. Diejenigen, die arbeitslos waren, taten alles, um einen neuen Job zu finden und damit wieder ihre Familien ausreichend ernähren zu können. Durch diesen Druck war es den Firmen und ihren Inhabern möglich, immer niedrigere Löhne durchzusetzen und Forderungen auf Lohnerhöhungen ohne großen Aufwand abzuschmettern. Gleichzeitig schwächte dieser Zustand die Gewerkschaften und ihre Kampfbereitschaft in erheblichen Ausmaße. So war es nicht verwunderlich, dass sich seit damals die realen und inflationsbereinigten Löhne der amerikanischen Bevölkerung nicht im Geringsten erhöht haben, was kaum zu glauben und ziemlich verrückt ist. (89) (90) (91) (92) (93) (94)

1981

Volcker und seine neoliberale Geldpolitik bereiteten das Feld, um Ronald Wilson Reagan 1981 als amerikanischen Präsidenten an die Macht kommen zu lassen. Dieser verschärfte den neoliberalen Kurs, der durch das „Federal Reserve System" begonnen wurde, nochmals.

Reagan lehnte den Sozialstaat, wie er im Rahmen des „New Deal" in Amerika ansatzweise geschaffen wurde, rundherum ab und trat seine Präsidentschaft mit der Absicht an, den Staatsapparat drastisch zu verschlanken und die hohen Staatsausgaben durch Kürzungen von Sozialleistungen zu reduzieren. Damit wollte er schließlich einen ausgeglichenen Haushalt erreichen. (95) (96)

Gleichzeitig vertrat er die These des Trickle-Down-Effekts, demzufolge massive Einkommenszuwächse der Reichen langfristig zu mehr Wohlstand bei den armen Teilen der Bevölkerung führen würde. Mit dieser These, die unter neoliberalen Politikern bis heute weit verbreitet ist, begründete er die massiven Steuersenkungen für Spitzenverdiener, in dessen Rahmen der Spitzensteuersatz von siebzig Prozent auf achtundzwanzig Prozent reduziert wurde.

Diese Behauptung war allerdings eine blanke Lüge. Von dem Geld der Reichen in Amerika kam natürlich nichts bei den Armen an. Im Gegenteil. Insbesondere durch die Kürzungen der Sozialleistungen waren die ärmsten Familien vom Rückgang ihres Realeinkommens in Höhe von über sieben Prozent betroffen.

Folge davon war, dass die Armutsquote in Amerika innerhalb weniger Jahre auf fünfzehn Prozent stieg. Besonders von der Armut betroffen waren dabei, wie könnte es anders sein, schwarze und hispanische Bevölkerungsgruppen. Den Grundstein für die massive Ungleichheit in der Einkommens-

und Vermögensverteilung in Amerika, die bis zum heutigen Tag anhält, war von der amerikanischen Regierung unter Reagan mit voller Absicht gelegt worden und nicht zufällig entstanden. Sie gehörte zum Selbstverständnis des Neoliberalismus.

Reagan tat aber noch mehr. Er senkte die Steuern für Unternehmen und begann mit der Deregulierung der Finanzmärkte. Dank ihm war es Banken und Sparkassen bald erlaubt, Immobilienkredite mit variabler Verzinsung zu gewähren und Hypotheken zu verbriefen, wodurch sie an den Finanzmärkten gehandelt werden konnten. Unmittelbare Folge davon war die „Savings and Loan Crisis" der amerikanischen Sparkassen, die 1985 zur Pleite von einer unüberschaubaren Zahl von Sparkassen führte und den amerikanischen Staat über hundertfünfzig Milliarden Dollar kostete. (97) (98) (99)

Ebenfalls in die Amtszeit von Reagan fiel der Börsencrash von 1987, der eine seiner Ursachen in den außergewöhnlich hohen Kurssteigerungen der Jahre zuvor hatte, ohne das dem reale Gewinnsteigerungen der Unternehmen gegenüberstanden. Die hohe Inflationsrate und das extreme amerikanische Handelsdefizit spielten dabei ebenso eine nicht zu vernachlässigende Rolle. Das „Federal Reserve System" unter ihrem neuen Chef Alan Greenspan erhöhte aufgrund des Crashs die Geldmenge und senkte den Leitzins. So konnte eine globale Finanzkrise im letzten Augenblick verhindert werden. (100)

Fast unbemerkt hatte sich während der Regierungszeit von Reagan eine grundsätzliche Veränderung vollzogen, die bis heute unübersehbar negative Folgen hat. Die Industrieproduktion der verarbeitenden Industrie und deren Gewinne nahmen immer weiter ab, während die Finanzindustrie und deren Vertreter wie die Großbanken, Hedgefonds und Investmentbanken mit ihren ausgeklügelten und hochkomplexen Finanzprodukten immer mehr an politischer und finanzieller Macht gewannen. Es kam nicht mehr darauf an, eine Firma erfolgreich zu führen und dafür zu sorgen, dass die langfristigen Interessen der Geschäftsführung und Mitarbeiter gewahrt blieben, sondern es stand dabei die kurzfristige Profitmaximierung und Abschöpfung von hohen Gewinnen um jeden Preis im Vordergrund.

Neben der Deregulierung der Finanzmärkte war für Reagan daher auch die Deregulierung und Flexibilisierung des Arbeitsmarktes in Amerika ein wichtiges innenpolitisches Ziel. Die Arbeit sollte für die Unternehmen wieder billiger werden, ihre Profirate endlich erneut steigen. Dazu gehörte ebenfalls, dass die Gewerkschaften entmachtet werden mussten, denn sobald die Arbeitnehmer keinen mehr hatten, der ihre Rechte vertrat und der für sie kämpfte, waren sie wehrlos. Prekäre Arbeitsverhältnisse und für Hungerlohn arbeitende Menschen wurden somit in ganzen Wirtschaftszweigen zur Regel. Was also das „Federal Reserve System" unter Volcker durch die erfolgten extremen Leitzinserhöhungen und die dadurch bedingte Rezession mit Erfolg begonnen hatte, führte Reagan zu Ende. Die Entmachtung, Prekarisierung und Verarmung der arbeitenden Menschen in Amerika. (101)

Wie viele wissen, war Reagan ein extremer Kommunistenhasser. Dies führte während seiner Regentschaft zu zwei Begebenheiten. Eine davon war die Absicht, der kommunistischen Sowjetunion, die für ihn „das Reich des Bösen" darstellte, durch Erhöhung der amerikanischen Militärausgaben und extreme Aufrüstungsbemühungen militärisch überlegen zu werden. So überlegen zu werden, dass sogar ein vernichtender atomarer Erstschlag durch Amerika auf die Sowjetunion in den Hinterzimmern des Pentagon offen diskutiert wurde. Dies kam dem „Militärisch-industriellen Komplex" natürlich äußerst entgegen. Dieser war in der Zeit zwischen 1940 und 1996 in der Lage Einnahmen in Höhe von fast sechs Billionen Dollar zu verbuchen. Das ist eine sechs mit zwölf Nullen. Verrückt, oder? (59) (102)

Woher kam dieses viele Geld, dass Reagan in seiner Zeit als
Präsident für die Aufrüstung von Amerika ausgab? Es kam
einerseits aus dem Abbau vom Sozialleistungen, aber vor
allem durch die Aufnahme von Staatsschulden. Diese
erhöhten sich unter Reagan um fast zweitausend Milliarden
Dollar, was einer Verdreifachung des Schuldenberges
gleichkam.

Ein ausgeglichener Haushalt war damit sicherlich nicht zu
erreichen. Aber Reagan war schließlich nichts zu teuer, um
die reichen Bürger seines Landes zu entlasten und gleichzeitig
der amerikanischen Rüstungsindustrie zu neuer Blüte zu
verhelfen. (103) (104)

Begründet durch seine Hass auf Kommunisten tat Reagan
aber noch etwas anderes. Er griff außenpolitisch überall dort
ein, wo er kommunistischen Einfluss vermutete. So wurden
durch seine Regierung die oppositionelle Gruppe der Contras
in Nicaragua militärisch unterstützt, was sechzigtausend
Menschen das Leben kostete und ein zerstörtes Land
hinterließ. Die Militärdiktatur in El Salvador konnte sich
ebenfalls in dem stattfindenden Bürgerkrieg auf die Hilfe
Amerikas verlassen. Hier kamen ungefähr siebzigtausend
Menschen ums Leben. Außerdem wurden in Afghanistan den
Widerstandskämpfern gegen die sowjetische
Besatzungsmacht finanzielle und militärische Hilfen der
Amerikaner zuteil. Dazu zählten selbstverständlich auch die
Mudschahidin und Taliban, die später noch eine wichtige
Rolle spielen sollten.

Es ging aber noch weiter. 1983 sah sich Reagan und seine
Regierung gezwungen, die Insel Granada mit Hilfe von
siebentausend amerikanischen Soldaten völkerrechtswidrig zu
besetzen. Deren Premierminister Maurice Bishop hatte zum
Entsetzen der amerikanischen Regierung versucht,
freundschaftlichen Kontakt zu der Sowjetunion und zu Kuba
aufzubauen. Auf der Insel wurde nach der Invasion angeblich
ein sowjetisches Waffenlager entdeckt. (105) (106) (107)
(108) (109) (110)

1989

Das Ende der Dienstzeit von Reagan als amerikanischer Präsident war durch eine Reihe von politischen Umbrüchen gekennzeichnet. So unterzeichnete er nach mehreren Treffen zwischen ihm und dem Generalsekretär der Kommunistischen Partei der Sowjetunion (KPdSU) Michail Sergejewitsch Gorbatschow, einen Abrüstungs-Vertrag, der es vorsah, dass alle landgestützten Nuklearraketen mit kürzerer und mittlerer Reichweite vernichtet werden sollten. Diese erfolgreiche Abrüstungsvereinbarung ging auf Initiative von Gorbatschow zurück, der schon 1986 vorgeschlagen hatte, alle Atomwaffen bis zum Jahr 2000 zu vernichten.

Mit Hilfe der von ihm ins Leben gerufenen Glasnost (Offenheit) und Perestroika (Umbau) gelang es Gorbatschow zudem, dass in den Staaten des Warschauer Paktes zunehmend demokratische Veränderungen möglich wurden. Eine der spektakulärsten Folgen davon war der Fall der Berliner Mauer 1989 und die Wiedervereinigung des geteilten Deutschlands. Was er damit aber sicherlich nicht beabsichtigt hatte, war der totale Zerfall des Warschauer Paktes und der Sowjetunion, der nun erfolgte.

Die wirtschaftliche Situation der Sowjetunion war schon vor der Ernennung von Gorbatschow in 1985 zum Generalsekretär der Kommunistischen Partei der Sowjetunion (KpdSU) äußerst angespannt gewesen. Bis 1990 verschlimmerte sich die Lage sosehr, dass Gorbatschow ein Hilfeersuchen um umfangreiche finanzielle Hilfen an George Herbert Walker Bush richtete, der seit 1989 amerikanischer Präsident war. Dieser lehnte das allerdings ab und schaltete stattdessen den IWF (Internationaler Währungsfonds) ein. (111) (112) (113)

Der IWF präsentierte kurz darauf ein neoliberalistisch geprägtes Wirtschaftsprogramm, mit Hilfe dessen aus der ehemaligen kommunistischen Sowjetunion ein kapitalistisches

Land werden sollte. Die Durchführung der dort beschriebenen Maßnahmen waren die Voraussetzung für die Vergabe von weiteren Krediten durch den IWF.

Unter Boris Nikolajewitsch Jelzin, der Gorbatschow als mächtigster Mann der ehemaligen Sowjetunion ablöste, wurde dieses Wirtschaftsprogramm Wirklichkeit. Die liberalkapitalistische Wirtschafts- und Gesellschaftsordnung Amerikas befand sich in einem Siegestaumel. Politische und soziale Beschränkungen, die ihr durch das Vorhandensein der Sowjetunion, die aus einer sozialistischen Revolution hervorgegangen war, aufgebürdet worden waren, gab es nun nicht mehr. Amerika und ihre Wirtschaft hatten nun Gelegenheit, sich voller Macht in Richtung Osten auszudehnen, dort Investitionen zu tätigen und Gewinne abzuschöpfen.

Im ehemaligen Ostblock wartete ein Heer von Arbeitskräften darauf, endlich in den Genuss westlicher Güter zu kommen. Hier eröffneten sich für amerikanische Firmen enorme Absatzmärkte. Dafür akzeptierten die abhängig Beschäftigten dort natürlich auch erheblich schlechtere Arbeitsbedingungen und niedrige Löhne als die amerikanischen Arbeiter und Angestellten. Im globalen Wettbewerb gerieten die Arbeitskräfte in Amerika und den anderen westlichen Ländern zunehmend unter Druck. (114)

1993

Selbst unter der Präsidentschaft von demokratischen Politikern wurde der neoliberale Kurs der amerikanischen Regierungen strikt beibehalten und damit auch der konsequente Abbau von Sozialleistungen, die Forcierung von Steuergeschenken an die Reichen und die Entfesselung der liberalkapitalistischen Wirtschafts- und Gesellschaftsordnung durch umfassende Deregulierung der Finanzmärkte. Vielleicht noch etwas geschickter getarnt, als bei den Republikanern, jedoch ebenso menschenverachtend in ihrer Wirkung.

William Jefferson Clinton wurde 1993 zum zweiundvierzigsten Präsidenten von Amerika gewählt. Bis zum Ende seiner Amtszeit im Jahr 2000 gab es in Amerika einen anhaltenden Konjunkturaufschwung mit einer Erhöhung des Bruttoninlandsproduktes von durchschnittlich fast vier Prozent pro Jahr und einem statistischen Rückgang der Arbeitslosigkeit auf unter fünf Prozent. Mit anderen Worten florierte die Wirtschaft in Amerika und immer mehr Menschen fanden eine Arbeit.

Was geschah dort aber in Wirklichkeit? Durch die Konzentration auf die Förderung der Finanzindustrie, gingen in der verarbeitenden Industrie über zehn Prozent aller Arbeitsplätze verloren. Die ehemals dort arbeitenden Menschen konnten sich nun oft nur noch für einen Hungerlohn von weniger als fünfzehntausend Dollar im Jahr als Bedienung in einem Fast-Food-Restaurant oder als Parkwächter anstellen lassen. Da musste man schon zwei oder drei Jobs annehmen, um eine Familie ernähren zu können.

In diese Richtung wies auch der 1996 von der amerikanische Regierung unter Clinton verabschiedete „Personal Responsibility and Work Opportunity Reconciliation Act". Er war ebenfalls ein Grund für die immer höher werdende Anzahl von „Working Poor" (Arbeitenden Armen) in Amerika. Dieses Bundesgesetz zog eine grundsätzliche Änderung der Gewährung von Sozialleistungen des amerikanischen Staates nach sich. Schränkte die Bezugsmöglichkeiten und die Dauer des Bezuges von Sozialleistungen erheblich ein.

Folge davon war, dass viele Millionen Menschen nicht mehr vom amerikanischen Staat unterstützt wurden und jede Art von Arbeit annehmen mussten, wenn sie überhaupt eine fanden. Eine zunehmende Prekarisierung griff um sich.

Wenn man keinen Ausweg mehr sieht, kann es schnell passieren, dass man versucht, auf illegalen Weg an Geld zu kommen. Dies war mit ein Grund dafür, dass die Zahl der Inhaftieren in den privatisierten Gefängnissen Amerikas bald über zwei Millionen Menschen erreichte. Diese und die vom „Personal Responsibility and Work Opportunity Reconciliation Act" betroffenen Menschen verschwanden aus der Arbeitslosenstatistik, die real erheblich höher war als offiziell angegeben.

Die Prekarisierung der arbeitenden Bevölkerung und die damit einhergehende Ausweitung des Niedriglohnsektors in Amerika schafften es, ebenso wie die Öffnung von Märkten mit Hilfe von Freihandelsabkommen, dass die Profitraten der amerikanischen Unternehmen über Jahre hinweg stiegen. Die dadurch erzielten Gewinne wurden dann, um noch mehr Geld damit zu verdienen, in den Finanzmärkten investiert. (115) (116)

Da kam es der Finanzindustrie sehr gelegen, dass Clinton auf Drängen seines Finanzministers Robert Edward Rubin 1999 den „Glass-Steagall Act", der aufgrund der großen Depression verabschiedet worden war und eine Trennung von Geschäftsbanken und Investmentbanken vorsah, komplett aufhob. Rubin war übrigens bis zu seiner Ernennung zum Finanzminister ein hochrangiger Manager bei der amerikanischen Investmentbank Goldman Sachs gewesen. (117)

Der letzte Schritt zur Entfesselung der Finanzindustrie war erfolgreich getan. Der Finanzindustrie war es nun möglich, unabhängig von der realen Wirtschaft Wachstumsschübe ungeahnten Ausmaßes zu machen. Immer neue Finanzprodukte wurden auf den Markt geworfen und versprachen selbst Kleinanlegern horrende Gewinne. Das Geld, das mit Hilfe solcher Spekulationen geschaffen wurde, war Geld das keinen realen Gegenwert besaß und sich daher genauso schnell verflüchtigen konnte, wie es entstanden war. So wie früher die Alchimisten angeblich mit Hilfe des „Stein der Weisen" Gold aus Blei hergestellt hatten, wurden nun mit Hilfe von Finanzprodukten Geld aus dem Nichts geschaffen. Das klingt ziemlich verrückt, nicht wahr? (118) (119)

1999

Clinton war wie alle anderen Präsidenten vor ihm darauf aus, die globale Vorherrschaft Amerikas zu festigen und auszuweiten. Das betraf den politischen, den wirtschaftlichen und natürlich auch den militärischen Bereich. Amerika wurde dabei von ihm als Garant für Sicherheit und Ordnung, aber auch politischer und wirtschaftlicher Freiheit in der Welt angesehen.

In diesem Sinne war es durchaus verständlich, dass Clinton die Osterweiterung der NATO (North Atlantic Treaty Organization) entgegen aller Kritik zügig vorantrieb. Das dabei ein 1990 gegebenes Versprechen der westlichen Regierungsvertreter und des amerikanischen Außenministers James Addison Baker gegenüber Gorbatschow gebrochen wurde, die NATO nicht nach Osten zu erweitern, war völlig irrelevant. (120)

Genauso irrelevant wie das Völkerrecht, dass mit den über dreißigtausend Bombenangriffen der NATO auf Serbien 1999 gebrochen wurde. Amerika war sich und seiner Macht inzwischen so sicher, dass es ohne Rücksichtnahme auf internationales Recht zur militärischen Durchsetzung seiner Interessen griff. Begründet wurden diese Angriffe auf Serbien mit den serbischen Gräueltaten an der kosovo-albanischen Bevölkerung. Wie sich später herausstellte, wurden dieses Angriffe mit Lügen begründet, die verschiedene amerikanische Agenturen für Public-Relations in die Welt gesetzt hatten. So sollte es einen Plan der jugoslawischen Regierung unter den Serben gegeben haben, der die

Ausrottung und Vertreibung der Kosovo-Albaner vorsah. Alles Lüge, verrückt oder? (121)

Clinton und seine Regierung waren aber auch noch an anderen Schauplätzen militärisch aktiv. Der nach Anschlägen auf die amerikanischen Botschaften in Kenia und Tansania ausgerufene „Krieg gegen Terrorismus" löste den Kalten Krieg gegen die Sowjetunion ab. Damit wurde eine neue ernstzunehmende äußere Gefahr für die amerikanische Bevölkerung geschaffen, um jetzige und zukünftige Kriege Amerikas zu rechtfertigen, aber auch um die amerikanische Bevölkerung vom Widerstand gegen soziale und politische Missstände im eigenen Land abzuhalten.

Als Vergeltung für die Anschläge auf die Botschaften befahl Clinton die Bombardierung einer Arzneimittelfabrik im Sudan, die dadurch vollkommen zerstört wurde. Die Behauptung, dass dort Substanzen zur Erzeugung von Chemiewaffen erzeugt wurden, stellte sich als reine Propaganda und Lüge heraus.

Zur gleichen Zeit erfolgte ein Bombenangriff auf verschiedene Ziele in Afghanistan, wo sich Ausbildungslager der von Osama bin Laden geführten Gruppe al-Qaida befinden sollten. (122)

Ebenfalls 1998 ließ Clinton den Irak bombardieren und verschärfte die bestehenden Wirtschaftssanktionen, die schon seit deren Beginn zu großer Not und extremer Mangelversorgung der Zivilbevölkerung geführt hatten. Schätzungsweise über eine Million Menschen wurden während der ersten zehn Jahre der verhängten Sanktionen Opfer dieser unmenschlichen Maßnahmen.

Als Grund für die Bombardierung des Iraks galt, dass sich Saddam Hussein geweigert hatte, die Inspektoren der UNO weiter nach Waffen suchen zu lassen. Die Inspektoren wiederum wurden von Saddam Hussein beschuldigt, für Amerika Spionage zu betreiben, was gar nicht so abwegig war. (123) (124)

2003

Als George Walker Bush 2001 amerikanischer Präsident wurde, führte er das zu Ende, was sein Vater George Herbert Walker Bush 1991 mit der Bombardierung des Irak begonnen und Clinton fortgeführt hatte. Er befahl 2003 die Invasion des Iraks sowie die Absetzung und Ergreifung Husseins durch amerikanische und englische Truppen. Ein weiterer völkerrechtswidriger Krieg Amerikas begann. Als Grund dafür wurde, wie schon zu Beginn des zweiten Golfkrieges, der amerikanischen Öffentlichkeit und dem UNO-Sicherheitsrat eine Lüge präsentiert. So wurden vom amerikanischen Außenminister Colin Luther Powell gefälschte Dokumente vorgelegt, die beweisen sollten, dass im Irak nach wie vor biologische und chemische Waffen sowie für Bauteile atomarer Waffen hergestellt und gelagert wurden. (125)

Damit geschah, was der Think Tank „Project for the New American Century" schon seit 1996 gefordert hatte. Mit allen Mitteln die Entmachtung Husseins zu vollziehen. Wichtigstes Ziel dieses Think Tanks war übrigens, die Vorherrschaft Amerikas in der Welt zu erreichen und das mit allen Mitteln. Seine Mitlieder waren so illustre Menschen wie Richard Bruce Cheney, Donald Henry Rumsfeld und Paul Dundes Wolfowitz.

Der wahre Grund für diesen völkerrechtswidrigen Krieg, in dem bis zu einer Million Iraker gestorben waren, war das riesige Erdölvorkommen von über hundert Milliarden Fass Rohöl im Irak. Das ist eines der größten Erdölvorkommen der Welt. Der Irak hatte zum Unmut Amerikas die Rechte zur Erdölförderung an europäische, chinesische und russische Erdölfirmen vergeben. (126)

Eine weitere wichtige Rolle für den Beginn des Krieges spielte sicherlich, dass der Irak im Jahr 2000 damit begann, sein Öl für EURO statt Dollar zu verkaufen, und damit das Petrodollar-System unterlief. Dies erwies sich auch noch für andere Länder als gefährlich. (127)

Im Rahmen des weltweiten Kampf Amerikas gegen den Terror erfolgte 2001 auch der Einmarsch amerikanischer Truppen zusammen mit ihren Verbündeten in Afghanistan. Im Rahmen dieses ebenfalls völkerrechtswidrigen Krieges sollten die in Afghanistan herrschenden afghanischen Taliban entmachtet und durch ein amerikafreundliches Regime abgelöst werden. Die sunnitisch-islamistische Bewegung der Taliban wurde durch Amerika beschuldigt, Al-Qaida und deren Ideologie vom globalen Dschihad zu unterstützen.

Amerika machte damit den gleichen Fehler wie die Sowjetunion 1979 und zog in einen Krieg, den sie nicht gewinnen konnte. Bis zum heutigen Tag befinden sich amerikanische Truppen in Afghanistan. Die afghanischen Taliban haben jedoch nur wenig von ihrer Macht verloren. Der afghanische Krieg hat Amerika schon die fantastische Summe von über einer Billion Dollar gekostet. Außerdem flüchteten bisher über zweieinhalb Millionen Menschen aus Afghanistan. Fast siebzigtausend Menschen starben während des Krieges. (128) (129)

Aber auch dieser Krieg hatte vorrangig andere Gründe als die, die in der Öffentlichkeit verkündet wurden. Afghanistan war wegen seiner strategischen Lage an der Schnittstelle von Süd- zu Zentralasien und seiner Nähe zu wichtigen erdölfördernden Länder schon lange begehrtes Ziel wirtschaftlicher und militärischer Strategen. So war geplant eine Ölpipeline durch Afghanistan zu errichten. (130)

Bush begründete die Kriege in Afghanistan und dem Irak mit dem von ihm ausgerufenen „Krieg gegen den Terror". Dieser „Krieg gegen den Terror" wurde nach den Anschlägen am elften September 2001 auf das World Trade Center und das Pentagon mit Hilfe von Flugzeugen als fliegende Bomben durch ihn ausgerufen. Ob diese Terroranschläge tatsächlich durch Mitglieder von Al-Qaida verübt, von amerikanischen Geheimdiensten gedeckt oder gar durch regierungsnahe Kreise organisiert wurden, ist bis heute umstritten.

Unumstritten ist allerdings, dass Bush und seine Regierung diese Anschläge dazu nutzten, sowohl wichtige außenpolitische als auch innenpolitische Ziele zu erreichen. Innenpolitisch war es Bush nach den Anschlägen ohne Probleme möglich, mit großer Mehrheit im amerikanischen Kongress den USA Patriot Act (Uniting and Strengthening Americaby Providing Appropriate Tools Required to Interceptand Obstruct Terrorism Act of 2001) zu verabschieden.

Dieses umfangreiche Gesetzespaket schränkte die Rechte amerikanischer Bürger erheblich ein. Durch den USA Patriot Act wurde es möglich, ohne richterliche Anordnung die Telefongespräche amerikanischer Bürger genauso wie deren Internet und E-Mailverkehr zu überwachen. Zudem konnten nun geheime Hausdurchsuchungen, ohne die betreffende Person darüber in Kenntnis zu setzen, durchgeführt werden. Gang und gäbe wurde auch die Überwachung von Finanztransaktionen, also von getätigten Überweisungen und dem Abheben von Bargeld. Die CIA (Central Intelligence Agency) erhielt als Auslandsgeheimdienst die Berechtigung, auch im inneren Amerikas zu ermitteln. Der Begriff der terroristischen Aktivitäten wurde dabei so weit gefasst, dass sogar friedliche Protestaktionen oder Gewerkschaftsaktivitäten als bedrohlich für den amerikanischen Staat angesehen wurden. (131) (132)

Der ganze Umfang dieser Maßnahmen wurde vielen Menschen erst deutlich als Edward Joseph Snowden, ein ehemaliger Mitarbeiter der CIA (Central Intelligence Agency)und der NSA (National Security Agency), 2013 das Ausmaß der Überwachungsmaßnahmen durch die NSA mit Hilfe zweier Zeitungen veröffentlichte. Nach den von ihm bereitgestellten Informationen wurden von der NSA Inhalte von so gut wie allen weltweit verschickten E-Mails und stattfindenden Chat-Gesprächen sowie im Internet ausgetauschte Fotos und Dateien dauerhaft gespeichert.

Die NSA hatte sich Zugriff auf den Datenverkehr der wichtigsten Internetfirmen wie Google, Facebook, Microsoft, Apple etc. verschafft. Zur Überwachung von Telefongesprächen wurden die Datenströme in Glasfaserkabeln abgefangen und analysiert.

Der gläserne und überwachte Mensch wurde Realität und besaß keine Privatsphäre und keine informationelle Autonomie mehr. Amerika machte damit einen großen Schritt hin zu einem totalitären Staat. (133) (134)

Durch den „Krieg gegen den Terror" wurde aber noch etwas anderes erreicht. Menschenrechtsverletzungen gehörten nun zum Alltag in Amerika. Amerika sah sich plötzlich über internationalem Recht. Seit 2001 wurden weltweit viele Tausend Menschen durch amerikanische Sicherheitskräfte verhaftet und ohne rechtsstaatliche Grundlagen in weltweit verteilten Geheimgefängnissen der CIA untergebracht. Auf dem amerikanischen Militärstützpunkt Guantanamo auf Kuba und in dem irakischen Gefängnis Abu Ghraib im Irak gehörten Foltermethoden wie Waterboarding, sexuelle Erniedrigungen, Schlafentzug und andere menschenunwürdige Zermürbungstechniken zum Alltag. Die Gefangenen in dem Gefängnis Guantanamo wurden zudem dort lange Zeit ohne Anklageerhebung oder Gerichtsverfahren festgehalten. (135) (136)

2008

Unter der Regierung von Bush passierte aber noch etwas anderes. Aus Angst vor einer drohenden Rezension und um die amerikanische Konjunktur zu stimulieren, hatte das „Federal Reserve System" unter Greenspan in der Zeit von 2001 bis 2003 eine Erhöhung der verfügbaren Geldmenge und die Senkung der Leitzinsen auf ein Prozent vorgenommen.

Dadurch war es auch ärmeren Teilen der amerikanischen Bevölkerung möglich, sich per Kredit Häuser zu kaufen. Die meisten Käufer verfügten allerdings über keine Sicherheiten, was die kreditgebenden Banken in der Regel jedoch nicht störte.

Dank der umfangreichen Deregulierung der Finanzindustrie unter den amerikanischen Präsidenten Reagan und Clinton entwickelten die amerikanischen Banken immer neue und immer risikoreichere Finanzprodukte, um damit immer mehr Geld zu verdienen. Dazu gehörte auch die Möglichkeit, Immobilienkredite zu bündeln und sie auf dem Finanzmärkten zu verkaufen, was sich Verbriefung von Immobilienkrediten nannte. Diese Art der Anlagemöglichkeit bot zwar höhere Renditen, war aber auch risikoreicher als gängige Anlageprodukte.

Weiterhin besaßen die meisten der vergebenen Kredite einen variable Zinssatz. Wenn also das allgemeine Zinsniveau stieg, stiegen auch die Zinsen der vergebenen Kredite.

Verbriefte Immobilienkredite hatten reißenden Absatz unter den Banken gefunden. Wie schon erwähnt versprachen sich die Banken damit, horrende Gewinnen innerhalb kürzester Zeit zu machen. Die Verbriefung von Immobilienkrediten führte schließlich zur Bildung einer gigantischen Spekulationsblase auf dem amerikanischen Immobilienmarkt. 2007 stellte sich jedoch heraus, dass sich unter den arglos vergebenen und verbrieften Immobilienkrediten großen Mengen extrem ausfallgefährdeter Kredite befanden. Das darin investierte Geld löste sich förmlich in Luft auf.

Grund dafür war, dass das „Federal Reserve System" bis Mitte 2006 den Leitzins auf über fünf Prozent erhöht hatte und damit auch die Kreditzinsen stetig stiegen. Die Zinssteigerungen wiederum hatte zur Folge, dass viele Hausbesitzer ihre Immobilienkredite nicht mehr abbezahlen konnten. Da sie keine andere Sicherheiten besaßen als das kreditfinanzierte Haus, musste es verkauft werden. Unter diesem Problem litten so viele Hausbesitzer, dass immer mehr und in immer kürzeren Abständen Häuser zum Verkauf angeboten wurden. Die Immobilienpreise sanken ins Bodenlose. Somit konnten mit dem Verkauf der Häuser die Kredite nicht mehr abbezahlt werden. Die Banken blieben auf ihren Krediten sitzen und immer mehr Banken drohte dadurch die Pleite. (137) (138) (139)

Der Investmentbank Bear Stearns ging es so schlecht, dass sie nur durch die Übernahme der amerikanische Großbank JPMorgan Chase & Co. am Leben erhalten werden konnte. Das kostete den amerikanischen Staat allerdings neunundzwanzig Milliarden Dollar. Zweihundert Milliarden Dollar kostete dann die Rettung der beiden Hypothekenbanken Fannie Mae und Freddie Mac. Sie wurden schließlich verstaatlicht.

Die Investmentbank Lehman Brothers hatte durch Immobilienkrise ebenfalls Milliardenverluste gemacht. Sie rettete der amerikanischen Staat allerdings nicht. Ob das damit zusammenhing, dass der damalige amerikanische Finanzminister Henry Merritt Paulson bis zu seine Nominierung zum Finanzminister Chief Executive Officer (CEO) der Goldman Sachs Group, Inc. und damit der größte Konkurrenz der Investmentbank Lehman Brothers gewesen war? Das wäre ziemlich verrückt, oder?

Fakt ist jedenfalls, dass die Pleite der Investmentbank Lehman Brothers zu einem großen Vertrauensverlust zwischen den Banken selbst und auch von Investoren in die Banken geführt hatte. Die Banken gaben sich gegenseitig keine Kredite mehr. Es kam zu einer der größten Finanz- und Wirtschaftskrisen in der Geschichte der Welt. Eine weltweite Rezession war die Folge.

Ausgelöst wurde diese Finanz- und Wirtschaftskrise letztendlich durch die neoliberale Politik und die damit erfolgten Deregulierungen der Finanzindustrie der vergangenen Jahrzehnte. Aufgrund dieser Krise verloren in Amerika über fünfzehn Millionen Menschen ihre Arbeit und verdoppelte sich die Arbeitslosenquote auf über zehn Prozent.

Aber viele Millionen Menschen wurden nicht nur arbeitslos, sondern verloren auch ihre Häuser und große Teile ihrer Ersparnisse. Standen plötzlich auf der Straße.

Doch selbst strikte Anhänger der neoliberalen Ideologie glaubten nun plötzlich nicht mehr an die Selbstheilungskräfte des Marktes. Immer öfter und immer lauter wurde nach Rettungsmaßnahmen für die angeschlagenen Banken gerufen, die ihre schlimme Misere eigentlich ihrer eigenen Gier und ihrem eigenen Unvermögen zu verdanken hatten.

In Amerika wurde deswegen das Troubled Asset Relief Program (TARP) ins Leben gerufen, dass eine Umfang von siebenhundert Milliarden Dollar hatte. Damit wurden Banken wie die Citigroup Inc., die Bank of America Corporation, Wells Fargo, JPMorgan Chase & Co., Goldman Sachs Group, Inc. und einige andere unterstützt. Um dieses Rettungspaket zu finanzieren, musste Amerika Schulden machen. Amerikas Schulden stiegen daher von neun Billionen Dollar auf über zwölf Billionen Dollar. Die Finanz- und Wirtschaftskrise hatte aber nicht nur in Amerika, sondern in der ganzen Welt zu einer extrem hohen Staatsverschuldung geführt. (140) (141) (142) (143)

2011

Die äußerst hohe Staatsverschuldung Amerikas hielt das Land allerdings nicht davon ab, seine militärische und wirtschaftliche Vorherrschaft auch weiterhin mit allen Mitteln ausbauen zu wollen. Unter seinem neuen Präsidenten Barack Hussein Obama, der 2009 zum amerikanischen Präsidenten gewählt wurde, beteiligte sich Amerika federführend an dem Krieg gegen Libyen.

Die offizielle Begründung für den Angriff Libyens war, dass es dort ihm Rahmen des Bürgerkrieges zu schweren

Menschenrechtsverletzungen der Regierungstruppen gegenüber oppositionellen Gruppen, die den Machthaber Muammar Muhammad Abdassalam Abu Minyar al-Gaddafi stürzen wollten, und unschuldigen Zivilisten kam. Wovon allerdings nicht die Rede war, war, dass auch radikale Rebellengruppen wie die Misrata-Brigaden schon seit Beginn des Bürgerkrieges Lynchjustiz ausgeübt hatten, also eigentlich keinen Deut besser waren als die libyschen Regierungstruppen. Trotzdem wurden diese Gruppen militärisch und finanziell durch Amerika und seine Verbündete unterstützt. (144)

Doch auch für den völkerrechtswidrigen Krieg gegen Libyen gab es Gründe, die es niemals in die offiziellen Verlautbarungen schafften. So hatte al-Gaddafi geplant, dass in der Afrikanischen Union, zu der dreiundfünfzig afrikanische Staaten gehörten, eine goldgedeckte pan-afrikanische Währung das Petrodollar-System ablösen sollte. Sowohl das Bestreben einer afrikanische Einheit als auch das Unterlaufen des Petrodollar-Systems wären schon allein Grund genug für den Krieg gegen Libyen gewesen. (145)

Libyen hatte allerdings noch etwas anders zu bieten. Es besaß das zehntgrößte Erdölvorkommen der Welt und sein Erdöl war von hervorragender Qualität. Zudem lag das Land in unmittelbarer Nähe der Europäischen Union. Das Öl konnte also ohne großen Aufwand dorthin exportiert werden. (146) (147)

al-Gaddafi wurde durch eine islamistische Rebellengruppe ermordet, während ihn Kampfflugzeuge der NATO an der Fortsetzung seiner Flucht hinderten. Fast eine halbe Million Menschen flüchteten aufgrund des Bürgerkrieges aus Libyen. Fünfzigtausend sollen währenddessen gestorben sein. Ein hoher Preis für einen Regime Change. (148)

Ein Regime Change sollte nach Willen Amerikas auch in Syrien erfolgen. Der Arabische Frühling führte hier genauso wie in Libyen 2011 zu Protestaktionen oppositioneller Gruppen gegen die syrische Regierung. Dabei wurde lautstark

der Rücktritt des syrischen Machthabers Baschar al-Assad
gefordert. Die Protestaktionen eskalierten schnell und wurden
immer gewaltvoller. Ein Bürgerkrieg brach aus. Genauso wie
in Libyen wurden die oppositionellen Gruppen militärisch,
finanziell und logistisch durch Amerika und deren CIA
unterstützt. Auch Saudi Arabien und Katar hatten großes
Interesse daran, dass al-Assad gestürzt wurde und halfen
finanziell aus. Förderten insbesondere islamistische Kämpfer.
al-Assad und seine Regierung gerieten zunehmend unter
Druck. Den Rebellen gelang es, immer größere Gebiete unter
ihre Kontrolle zu bekommen.

2015 bat al-Assad Russland um Hilfe. Mit Hilfe von Russland
gelang es der syrischen Armee, die Kämpfer des Islamischen
Staats, die weite Teile Nord- und Ostsyriens besetzt hielten,
zu vertreiben.

Während des Krieges wurde von Amerika wiederholt
behauptet, dass die syrischen Regierungstruppen Giftgas
gegen Zivilisten und die gegnerischen Bürgerkriegsparteien
eingesetzt hatten. Schlüssige Beweise dafür lieferten sie
allerdings nie. Vielmehr gab es darauf Hinweise, dass Giftgas
aus Libyen durch Mitarbeiter des CIA nach Syrien
geschmuggelt und dort islamistischen Extremisten übergeben
wurde, die damit in der syrischen Stadt Ghuta über tausend
unschuldige Menschen ermordet hatten.

Der wahre Anlass für den Syrien-Krieg hing erneut mit Öl
zusammen. Wie immer war es kein humanitärer Grund.
Genauso wie Afghanistan war Syrien wegen seiner
strategischen Lage als Transitland für Erdöl- und
Erdgasvorkommen Ziel für den versuchten Regime Change
durch Amerika gewesen.

Dieser Versuch hat einer halben Million Menschen ihr Leben
gekostet. Über elf Millionen Menschen befanden sich
deswegen auf der Flucht. (149) (150) (151)

2014

Der dritte durch Amerika veranlasste Regime Change unter Obama erfolgte 2014 in der Ukraine. Ganz im Sinne der schon weit fortgeschrittenen Osterweiterung der NATO durch den Beitritt von Polen, Tschechien, Ungarn, Bulgarien, Rumänien, der Slowakei, Slowenien, Estland, Lettland, Litauen, Albanien und Kroatien, sollte nun auch das direkt an Russland grenzende Land in den Einflussbereich der North Atlantic Treaty Organization (NATO) aufgenommen werden.

Der bis 2014 amtierende Präsident der Ukraine Wiktor Fedorowytsch Janukowytsch war eher zu Russland hin orientiert als zu Amerika und hatte ein geplantes Assoziierungsabkommen mit der EU zunächst ausgesetzt. Das stieß auf wenig Gegenliebe in den Teilen der Bevölkerung der Ukraine, die sich durch die Hinwendung zur liberalkapitalistischen Wirtschafts- und Gesellschaftsordnung der westlichen Länder einen höheren Lebensstandard erhofft hatten. Es kam zu lautstarken Protestaktionen, die, nachdem Scharfschützen eine ganze Reihe von Menschen erschossen hatten, schließlich eskalierten und von starker Gewaltanwendung geprägt waren. Von den Kugeln der Scharfschützen wurden Polizisten und Demonstranten gleichermaßen getroffen. Es wäre wahrscheinlich verrückt zu glauben, dass bei den Schüssen der Scharfschützen irgendwie das CIA die Hände im Spiel hatte, aber ganz auszuschließen ist das nicht.

Denn das Nein von Janukowytsch zur Annäherung an die westlichen Länder, entsprach nicht den wirtschaftlichen und militärischen Interessen Amerikas und seiner Verbündeten. Diese sahen sich daher veranlasst, die Protestaktionen zu schüren und besonders rechtsextreme Gruppierungen wie den „Rechten Sektor" und die Allukrainische Vereinigung „Swoboda" militärisch und finanziell zu unterstützen. Wie sich später herausstellte, hatte Amerika seit 1991 fünf Milliarden

Dollar investiert, um ein amerikafreundliches Regime in der Ukraine an die Macht zu bringen.

Durch den auf dem Höhepunkt der Proteste erfolgten blutigen Putsch kam endlich der Wunschkandidat der amerikanischen Regierung Arsenij Petrowytsch Jazenjuk an die Macht. Kaum an der Regierung, kündigte er in einer Rede umfassende neoliberale Reformen und Privatisierungsmaßnamen in der Ukraine an. Diese waren Voraussetzungen, um vom Internationalen Währungsfond (IWF) die gewünschten Milliardenkredite zu erhalten.

Somit war alles nach den Plänen Amerikas verlaufen. Insbesondere auch für Joseph Robinette Biden, dem amerikanischen Vizepräsidenten. Seinem Sohn Robert Hunter Biden wurde bei der großen ukrainischen Gasfirma Burisma Holdings ein hervorragend bezahltes Aufsichtsratsmandat zugesprochen. (152) (153)

2015

Wer nach Zerfall der kommunistischen Sowjetunion und dem Auflösen des Warschauer Paktes daran geglaubt hatte, es wäre eine Zeit des Friedens und der Zerstörung aller Massenvernichtungswaffen angebrochen, der hatte sich gewaltig geirrt. Spätestens seitdem Russland nach einem Strategiepapier des Pentagon von 2015 zur neuen „Achse des Bösen" gehörte und darin gewaltige Mehrausgaben für Rüstung gefordert wurden, waren diese Illusionen verpufft.

In diesem Sinne war es auch, dass das von Obama vorgeschlagene europäische Raketenabwehrsystem „European Phased Adaptive Approach" (EPAA) auf dem NATO-Gipfel in Lissabon 2010 absegnet und Teil des neuen strategischen Konzepts der NATO wurde. Dieses Raketenabwehrsystem sollte Amerika und seine Verbündeten vor dem Angriff von feindliche Kurz- und Mittelstreckenraketen schützen. Als Kosten für die Weiterentwicklung des Systems wurden jährlich zehn Milliarden Dollar veranschlagt. Im rumänischen Deveselu wurde 2016 der erste Stützpunkt zur Abwehr feindlicher Raketen eröffnet. Der zweite sollte bald darauf im polnischen polnischen Redzikowo entstehen. Ein sehr lohnendes Projekt für den „Militärisch-industriellen Komplex". (154) (155) (156)

2016

Anders als oft in den Medien dargestellt, war Obama kein Mann des Friedens. Aber gleichzeitig war er auch nicht besonders sparsam in seiner Haushaltsführung. In seiner Regierungszeit bis 2017 verdoppelten sich die Staatsschulden Amerikas von zehn Billionen Dollar auf zwanzig Billionen Dollar, wovon große Teile von den Rüstungsausgaben herrührten. Diese beliefen sich allein 2016 auf über sechshundert Milliarden Dollar. (157) (158)

Ähnlich hoch verschuldet waren die amerikanischen Bürger selbst. Sie hatten inzwischen Schulden in Höhe von achtzehn Billionen Dollar angehäuft. Fast dreizehn Prozent der Amerikaner lebten unter der Armutsgrenze. Viele davon, obwohl sie arbeiten gingen. Die tatsächliche Arbeitslosenquote belief sich, wenn man die verdeckte Arbeitslosigkeit dabei mit einrechnete, auf über zwanzig Prozent. Die Obdachlosigkeit hatte wie eine Seuche um sich gegriffen. Das war also vom Land der unbegrenzten Möglichkeiten übrig geblieben. Ein Land voller Gegensätze. Auf einer Seite erbärmliche Armut. Auf der anderen Seite unglaublicher Reichtum. (159) (160) (161) (162)

2017

2017 wurde Donald John Trump zum Präsident von Amerika gewählt. Diese Wahl hatte er zu großen Teilen seinen Vorgängern in diesem Amt zu verdanken. Diese hatten nämlich dafür gesorgt, dass die weißen Amerikaner, die über keinen Hochschulabschluss verfügten, seit Ende der achtziger Jahre über ein immer geringeres Einkommen verfügten, weniger Vermögen besaßen, höhere Schulden hatten und seltener ein Haus besaßen. Mit anderen Worten zunehmend ärmer wurden.

Diese Menschen glaubten, was Trump ihnen versprach. Amerika sollte wieder groß werden. Durch internationale Handelsabkommen und Protektionismus würden Arbeitsplätze und Wohlstand in Amerika geschaffen werden. Die Begrenzung der Zuwanderung würde dazu führen, dass mehr weiße Amerikaner eine Arbeit finden würden. Eine geplante Steuerreform sollte die Geldbeutel der weißen Mittelschicht füllen und zu mehr Wohlstand bei Allen führen. (163) (164)

Noch im Jahr seines Amtsantrittes wurde tatsächlich der versprochene „Tax Cuts and Jobs Act" im Kongress verabschiedet. Doch entgegen der Versprechungen von Trump war diese neue Steuergesetzgebung ein rein neoliberales Machwerk. Unternehmen konnten sich über Steuersenkungen in Höhe von fast fünfzehn Prozent freuen. Den reichsten Amerikanern kamen achtzig Prozent der geplanten Steuererleichterungen zugute. Die Menschen mit mittleren und kleinen Einkommen konnten davon dagegen kaum profitieren.

Dazu passte es, dass es den amerikanischen Banken gelang, 2018 ihre Gewinne um über achtzig Prozent auf über hundertfünfzig Milliarden Dollar zu steigern.

Durch die Finanzierung des „Tax Cuts and Jobs Act" stieg die Verschuldung Amerikas um weitere anderthalb Billionen

Dollar an. Nach Planungen von Teilen der republikanischen Partei sollten diese Schulden als Grund gelten, um die Sozialeistungen des amerikanischen Staates noch weiter zu kürzen. (165)

Das Amerikas Militärausgaben in 2018 auf fast sechshundertfünfzig Milliarden Dollar stiegen, wurde bei solchen Forderungen allerdings nicht erwähnt.

Außenpolitisch veränderte sich unter der Präsidentschaft von Trump ebenfalls nicht viel. Sowohl in Venezuela wie auch im Iran wurden politische Kräfte unterstützt, die einen Regime Change vorbereiten sollten. Venezuela besaß das weltweit größte Vorkommen an Rohöl und Iran das viertgrößte. Außerdem hatten beide Länder gewagt, dass Petrodollar-System Amerikas zu unterlaufen indem sie versuchten, Gold als internationales Zahlungsmittel wieder hoffähig zu machen, und eine goldgestützte Kryptowährung schufen.

Venezuela und Iran waren deswegen umfangreichen Sanktionen durch Amerika ausgesetzt. In beiden Ländern kam es dadurch zu immer größeren Versorgungsengpässen. Der Mangel an Lebensmitteln und Medikamenten, sorgte für große Not unter der Zivilbevölkerung. Diese Not der Menschen war wiederum ideal, um Unzufriedenheit mit dem herrschenden politischen Verhältnissen zu säen. Der Boden für Aufruhr und einen Regime Change wurde bereitet. (146) (166) (167)

Allerdings musste gewürdigt werden, dass in Trumps Amtszeit von 2017 bis 2021 keine neuen Kriege begonnen wurden und er den amerikanischen Eliten in Wirtschaft und Militär durch seine unvorhersehbaren Entscheidungen nicht selten den Angstschweiß auf die Stirn getrieben hatte. (442) (443)

2020

Amerika war und ist ein kriegerisches Land. In seiner recht jungen Geschichte war Amerika maßgeblich an über zweihundert Kriegen oder kriegsähnlichen Handlungen beteiligt. Selbst angegriffen wurde es dabei allerdings nie. (168)

Amerika hat über achthundert Militärstützpunkte in über achtzig Ländern. Seine Politik war immer die des „Militärisch-industriellen Komplexes" und der liberalkapitalistischen Wirtschafts- und Gesellschaftsordnung. Es ging stets um die Erreichung und Erhaltung der militärischen, wirtschaftlichen und politischen Macht in der Welt. Dazu wurde gelogen, betrogen, gemordet, gefoltert und gestohlen. (169)

Es herrscht in Amerika aber auch Krieg gegen Teile der eigenen Bevölkerung. Der Staat hält sich zunehmend aus den sozialen Sicherungssystemen heraus. Überlässt vieles den privaten Wohlfahrtsorganisationen. Diese können aber die Fehler der amerikanischen Politik nicht ausgleichen. (170)

Vierzig Millionen Menschen in Amerika leben in Armut. Viele der amerikanischen Arbeiter gelten als „Working Poor" (Arbeitenden Armen), verdienen also weniger dreißigtausend Dollar im Jahr. Mit steigender Armut sinkt die Lebenserwartung der Menschen in Amerika. Das allein ist schon ein Skandal.

Aber auch die andere Seite ist skandalös. Die reichen Menschen in Amerika werden immer reicher. Inzwischen besitzt ein Prozent der amerikanischen Bevölkerung über vierzig Prozent des Vermögens in Amerika.

Der amerikanischen Traum ist für überwiegende Zahl von Menschen zu einem Alptraum geworden. (171) (172) (173) (174)

Deutschland

Wie ich schon erwähnt hatte, waren Amerika und seine Kultur in meiner Kindheit und Jugend sehr prägend für mich gewesen. Doch nicht das allein. Deutschland war und ist mein Heimatland. Hier leben meine Familie, meine Freunde und auch ich. Deutschland und seine Menschen hatten somit ebenfalls großen Einfluss auf mich und meine Sicht der Welt. Mein Verhältnis zu Deutschland war allerdings schon von Beginn an von Widersprüchen geprägt. Das hatte viel mit den politischen und wirtschaftlichen Verhältnissen hier zu tun, die immer öfter einen widersinnigen, teilweise verrückten Eindruck auf mich machten. Um das zu erklären, werde ich auch dazu zunächst auf die Vergangenheit zurückgreifen.

1848

Seit Anfang des neunzehnten Jahrhunderts begann in Deutschland eine stürmische Entwicklung hin zur maschinellen Massenproduktion in Großbetrieben. Daran hatte der Eisenbahnbau und die Errichtung eines umfassenden Schienennetzes, durch das die aufstrebenden Industrie- und Handelsstädte miteinander verbunden wurden, einen großen Anteil. Von Vorteil war auch, dass die Zollgrenzen 1834 fielen und dadurch innerhalb Deutschland ungehindert Handel getrieben werden konnte. Der Industriekapitalismus war in Deutschland angekommen und mit ihm die Machtbestrebungen der Fabrikanten, Geschäftsleute und Bankiers. (175)

Der herrschende Adel wollte jedoch seine zunehmende Entmachtung verhindern. Ihm waren die Forderungen des Bürgertums nach Teilhabe an Staat und Gesellschaft suspekt. So kam es 1819 zur Verabschiedung der Karlsbader

Beschlüsse, die in Deutschland zur erheblichen Einschränkung der Pressefreiheit und der freien Meinungsäußerung führten, und das Ziel hatten, den herrschenden demokratischen Bestrebungen ein Ende zu machen. (176)

Die Bevölkerung in Deutschland wuchs in dieser Zeit unaufhaltsam. Dadurch stand den Industriellen bald ein unüberschaubares Heer an arbeitssuchenden Menschen zur Verfügung. Für ihre Fabriken brauchten jedoch nur einen Bruchteil dieser Arbeitskräfte. Viele Menschen waren daher arbeitslos und lebten in großer Not. Aber auch den Arbeitern, die Arbeit hatten, ging es nicht gut. Sie mussten unter schlimmsten Arbeitsbedingungen bis zu achtzehn Stunden täglich arbeiten. Ein Sonntagsarbeitsverbot gab es nicht. Außerdem existierten weder Arbeitsschutzmaßnahmen noch irgendeine Form von Altersversorgung oder Kündigungsschutz. Zudem reichte der erhaltene Lohn selten dazu aus, eine Familie zu ernähren. (177)

Durch diverse Missernten und die dadurch bedingte Verteuerung von Grundnahrungsmitteln kam es Mitte des neunzehnten Jahrhunderts zu Hungersnöten bei großen Teilen der deutschen Bevölkerung. Die Stimmung unter den Arbeitern, Bauern und kleinen Handwerkern wurde zunehmend schlechter und es flammten einzelne Aufstände auf. Als dann noch die Revolution in Frankreich um sich griff, gab es auch in Deutschland kein Halten mehr. 1848 erhoben sich große Teile des deutschen Volkes mit der Forderung nach Meinungs- und Pressefreiheit, menschenwürdigen Arbeitsbedingungen, der Einführung von bürgerlichen Freiheiten und Rechten für Alle sowie der Schaffung eines deutschen Nationalstaats. (178) (179)

Die Fabrikanten, Geschäftsleute und Bankiers traten zwar auch für die Entmachtung des Adels ein und forderten das Zustandekommen eines deutschen Nationalstaates, hatten aber gleichzeitig Angst davor, durch eine sozialistische Revolution der Arbeiter und Bauern ihre bürgerliche Existenz und ihre bestehende Macht zu verlieren.

Das war mit ein Grund dafür, dass auf der
Nationalversammlung in der Frankfurter Paulskirche, die die
Forderungen revolutionären Kräfte durchsetzen sollte, keine
Arbeiter, sondern nur Mitglieder des Besitz- und
Bildungsbürgertums vertreten waren. Die Bauern und kleine
Handwerker, die dort eine Stimme hatten, konnten an einer
Hand abgezählt werden.

Die Verkündigung der deutschen Reichsverfassung durch die
Nationalversammlung war somit eine Farce. Hier kamen
kaum Forderungen der armen Teile der deutschen
Bevölkerung zum Tragen, obwohl sie den größten Anteil an
der deutschen Bevölkerung stellten. Stattdessen biederten
sich deren Mitglieder beim Adel an. Der preußische König
Friedrich Wilhelm IV. lehnte die deutsche Reichsverfassung
allerdings ebenso ab wie seine Ernennung zum deutschen
Kaiser. Preußische Truppen schlugen die Aufstände blutig
nieder und lösten die Nationalversammlung auf. Die
Revolution war zerschlagen worden. (180) (181) (182)

1871

Es dauerte noch bis 1871 bis der deutsche Nationalstaat
unter der Herrschaft von Kaiser Wilhelm I. und dem
Reichskanzler Otto Fürst von Bismarck wirklich zustande kam.
Das Deutsche Reich hatte aber nichts von einem
demokratischen Staatswesen an sich, sondern war streng
hierarchisch und militaristisch aufgebaut. Der Adel hatte in
Deutschland seine Macht stets behauptet und war in Armee
und Staat weiterhin in Spitzenpositionen anzutreffen.

Um das Deutsche Reich vor linken Umtrieben und zukünftigen
Umsturzbestrebungen zu schützen, veranlasste Reichskanzler
Bismarck die Verabschiedung des Gesetzes gegen die
gemeingefährlichen Bestrebungen der Sozialdemokratie
(Sozialistengesetze). Damit wurden die Grundlagen zum

Verbot sämtlicher linksgerichteter Organisationen und linker Publikationen geschaffen. In Folge dieser Gesetze kam es zu polizeistaatlichen Maßnahmen, die zur Inhaftierung und Abschiebung von tausenden Menschen führten. Hausdurchsuchungen durch die Polizei waren in diesen Tagen an der Tagesordnung. Doch trotz dieser Maßnahmen fühlten sich immer mehr Menschen zu linken Gedankengut hingezogen.

Das war wohl mit ein Grund dafür, dass durch Bismarck die Verabschiedung einer Sozialgesetzgebung im Deutschen Reich forciert wurde, die die Grundlagen für eine Kranken-, Unfall- und Rentenversicherung der Arbeiter bildete. Die Höhe dieser Sozialleistungen waren allerdings sehr gering und bedeuteten kaum eine finanzielle Entlastung für die betroffenen Arbeiter. Oder sie waren, wie der Rentenanspruch ab dem einundsiebzigsten Lebensjahr, kaum jemals zu erreichen. (183)

Diese Gesetze konnten nicht verhindern, dass in der Arbeiterschaft weiterhin große Armut herrschte. Auch wenn es der Wirtschaft und der Industrie immer besser ging und sich deren Gewinne ständig steigerten, hatten die Arbeiter kaum Einkommenszuwächse zu verzeichnen. Die Fertigung von Industriegütern und deren Ausfuhren vervielfachten sich in der Zeit von 1871 bis 1914, während die Löhne der Arbeiter gerade mal um ein Prozent stiegen. Deutschland wuchs zur größten Industrienation Europas heran, aber ohne dass die Arbeiter von diesem Reichtum profitierten oder daran teilhaben konnten. (184)

Wer davon profitierte waren beispielhaft so illustre Namen wie Friedrich Alfred Krupp, der dank ständig steigenden Umsätzen aus Waffenverkäufen zum reichsten Mann Deutschlands wurde und in seinen Stahlfabriken fünfundvierzigtausend Mitarbeiter beschäftigte. Auch August Thyssen, der sich ebenfalls durch die Verarbeitung von Stahl das achtgrößte Vermögen Deutschlands anhäufte, gehörte zu den Profiteuren der rasanten wirtschaftlichen Entwicklung des

Deutschen Reiches. Daneben ist die Deutsche Bank nicht zu vergessen, die seit ihrer Gründung 1870 durch Investitionen in den deutschen Schlüsselindustrien der Stahl-, Elektro- und Chemieindustrie satte Gewinne machte und internationalen Einfluss gewann. Diese weltweiten Expansionsbestrebungen wurden erst durch den Ausbruch des ersten Weltkrieges zunichte gemacht. (185) (186) (187)

1914

Das Deutsche Reich war zu einer wirtschaftlich und militärisch mächtigen Nation herangewachsen, deren Ober- und Mittelschicht zu großen Teilen militaristisch und obrigkeitsliebend geprägt war. So war es kein Wunder, dass die gewonnene Stärke nach deren Willen dazu genutzt werden sollte, neue Rohstoffquellen und Absatzmärkte zu erschließen und das deutsche Staatsgebiet auszudehnen. Dies wollten England, Frankreich, Russland und Amerika, die ebenfalls militärisch hochgerüstet waren und deren wirtschaftliche Interessen dem diametral entgegen standen, allerdings verhindern.

Alle warteten nur auf einen Grund zuzuschlagen. Der kam dann auch wie gerufen. Im Konflikt zwischen Serbien und Österreich, der 1914 durch die Ermordung des österreichischen Thronfolgers ausgelöst wurde, sicherte das Deutsche Reich Österreich seine volle Unterstützung zu. Da wiederum Serbien Bündnispartner von Russland war und Russland sich in einer Allianz mit Frankreich befand, weitete sich dieser zunächst regionale Konflikt zum ersten Weltkrieg aus. (188)

Allerdings wollten nicht alle Menschen in Deutschland diesen Krieg. Die seit dem Ende der Sozialistengesetze wiedererstarkte sozialistische Arbeiterbewegung veranstaltet Anti-Kriegs-Demonstrationen im ganzen Deutschen Reich.

Daran nahmen über eine dreiviertel Million Menschen teil. Aber trotzdem stimmte die Führung der Sozialdemokratischen Partei Deutschlands (SPD) und ihre Fraktion im Reichstag schließlich der Gewährung von Kriegskrediten zu, die für den Kriegsbeginn unerlässlich waren. Kaiser Wilhelm II. hatte es durch seine Mahnung nach der Einheit des deutschen Volkes und seiner Behauptung, dass sich Deutschland in einem reinen Verteidigungskrieg befinde, geschafft, einen Großteil der Fraktion der SPD zu überzeugen. Es war durch geschickte Propaganda ein Feindbild geschaffen worden, das von innenpolitischen Konflikten ablenkte. Der Krieg konnte beginnen. (189) (190)

Der erste Weltkrieg war niemals so heroisch wie er in Zeitungen und Filmen propagandistisch dargestellt wurde. In grausamen Schlachten, die kaum Gebietsgewinne brachten oder selten zu einer Verschiebung des Frontverlaufes führten, wurden junge Soldaten durch gegnerische Maschinengewehre und Splittergranaten zu Krüppeln geschossen oder durch Giftgas getötet. Die moderne Kriegsmaschinerie hatte ihren Weg auf die Schlachtfelder gefunden. Insgesamt waren in diesem Krieg siebzehn Millionen Menschen brutal gestorben. (191)

Die Toten und Verwundeten waren sicherlich nicht Nutznießer dieses Krieges. Die Banken, die umfangreiche Kredite zum Kauf von Rüstungsgütern vergaben, und die Rüstungsindustrie dagegen schon. Dies war auch ein Grund für den Eintritt Amerikas in den Krieg gegen Deutschland. Denn eine Zeit lang sah es danach aus, als ob Deutschland den Krieg gewinnen würde. Dies hätte aber für die amerikanischen Banken bedeutet, dass die Kredite, die sie an England, Frankreich und Russland vergeben hatten, unter Umständen niemals zurückgezahlt werden würden. Somit musste die amerikanische Bevölkerung durch geschickte Propagandamaßnahmen von der Notwendigkeit des Eintritts Amerikas in den Krieg überzeugt werden.

Deutschland verlor den Krieg und musste dafür bezahlen. Amerika hatte seinen größten Konkurrenten ausgeschaltet und war zur Weltmacht aufgestiegen. (28) (30) (192)

1918

Deutschland war durch seine Kriegsgegner umfangreichen Sanktionen ausgesetzt. Dies und eine nicht zu leugnende Misswirtschaft führten dazu, dass besonders die ärmeren Teile des deutsche Volkes an Hunger litten. Grundnahrungsmittel wie Butter und Eier wurden zu Luxusartikeln, die kaum zu bezahlen waren. Immer häufiger kam es zu Protesten der hungernden Menschen, die von Polizisten brutal niedergeschlagen wurden.

Als es letztendlich auch noch in den Rüstungsfabriken zu Unruhen und Streiks kam, reagierten die deutschen Behörden mit umfangreichen Einschränkungen des Demonstrations- und Versammlungsrechts. Zudem drohten sie den protestierenden Arbeitern mit einer Verurteilung durch die Kriegsgerichtsbarkeit. Die Arbeit wurde zähneknirschend wieder aufgenommen.

Der deutschen Bevölkerung wurde es allerdings immer deutlicher, dass entgegen den Propagandameldungen der Reichsregierung der Krieg nicht mehr zu gewinnen war. Schließlich musste die Oberste Heeresleitung im September 1918 zugeben, dass das deutsche Heer am Boden lag und der Krieg verloren war.

Trotzdem wurde der deutschen Flotte im Oktober 1918 der Befehl erteilt, die englische Flotte erneut anzugreifen. Angesichts der Sinnlosigkeit dieses Befehls der Marineleitung verweigerten die deutschen Matrosen in Kiel diesen Befehl und meuterten. Wie ein Lauffeuer verbreitete sich die Revolte über ganz Deutschland aus. (193)

Überall in Deutschland wurden Arbeiter- und Soldatenräte
gewählt. Es schien so, als ob in Deutschland endlich eine
basisdemokratische Ordnung revolutionär durchgesetzt
werden würde. Es kam zur Ausrufung des bayerischen
Freistaates und zum Sturz des bayerischen Königs Ludwig III.
In Bayern ergriffen Arbeiter- und Soldatenräte die Macht.
Auch in anderen Teilen Deutschlandlands flohen die
herrschenden Aristokraten. In Berlin verkündete
Reichskanzler Max von Baden die Abdankung von Kaiser
Wilhelm II. und übertrug die Reichskanzlerschaft auf Friedrich
Ebert, den Vorsitzenden der Sozialdemokratischen Partei
Deutschlands (SPD). Dieser forderte das deutsche Volk zu
„Ruhe und Ordnung" auf. Sein Parteigenosse Philipp Heinrich
Scheidemann hatte inzwischen die Deutsche Republik
ausgerufen.

Linken Kräften in Deutschland gingen aber die Pläne der
Sozialdemokraten nicht weit genug. Karl Paul August
Friedrich Liebknecht, ehemaliges Mitglied der
Sozialdemokratischen Partei Deutschlands und Mitbegründer
der Kommunistischen Partei Deutschlands, forderte die
Gründung der Räterepublik Deutschland. Es sollte eine
Enteignung des Großkapitals und eine Demokratisierung des
Militärs erfolgen. Basisdemokratische Strukturen sollten
aufgebaut werden.

Daran hatten die Fabrikanten, Geschäftsleute und Bankiers in
Deutschland allerdings kein Interesse. Sie blieben daher nicht
untätig und finanzierten die Verbreitung von
antikommunistische Propaganda und die Bewaffnung von
Freikorps, die zur Niederschlagung der revolutionären
Gruppen eingesetzt werden sollten.

Ebert, dem Vorsitzenden der Sozialdemokratischen Partei
Deutschlands (SPD) und inzwischen Reichskanzler, gingen die
Forderungen der linken Kräfte und Arbeiter in Deutschland
ebenfalls zu weit. Er gab den Auftrag, dass die Reichswehr
und die Freikorps die kommunistischen Umtriebe im Keim
ersticken sollten. Im Rahmen dieser Säuberungsmaßnahmen

wurden Liebknecht, Rosa Luxemburg und mit ihnen tausende von Arbeitern und Soldaten ermordet. Sämtliche Räte wurden gewaltsam aufgelöst.

Mit den Freikorps waren solche Gruppen von Menschen bewaffnet worden und zur militärischen Macht gelangt, deren Sinn nicht nach parlamentarischer Demokratie stand, sondern vielmehr in Deutschland das altbewährte autoritäre System wiederherstellen wollte. Dies sollte sich noch rächen. Denn obwohl die Freikorps auf Druck der Siegermächte 1920 offiziell aufgelöst werden mussten, fanden deren Mitglieder Aufnahme in neu gegründeten Vereinigungen wie der Geheimorganisation Consul, einem paramilitärische Geheimbund, der die junge parlamentarische Demokratie durch Ermordung wichtiger Persönlichkeiten destabilisieren wollte, dem Stahlhelm, einer ebenfalls paramilitärischen und demokratiefeindlichen Organisation ehemaliger Frontsoldaten, und der Nationalsozialistischen Deutschen Arbeiterpartei (NSDAP), deren Parteivorsitzender Adolf Hitler war. (194) (195) (196)

Die aus der Novemberrevolution hervorgegangene parlamentarische Demokratie der Weimarer Republik war seit ihrem Beginn stark gefährdet. In dem Friedensvertrag von Versailles von 1920 wurde Deutschland die alleinige Schuld am Ausbruch des Krieges angelastet. Zudem musste Deutschland große Gebiete an die Siegermächte abtreten und umfangreiche Reparationszahlungen leisten. England, Frankreich und die anderen Siegermächte brauchten dieses Geld, um ihre Schulden bei den amerikanischen Banken zu abzubezahlen. Dies bedeutete, dass Deutschland kaum Geld zur Verfügung stand, um dringend notwendige Sozialleistungen zu finanzieren. (197)

1923

Die Reparationszahlungen, die Deutschland an die Siegermächte zu leisten hatte, beliefen sich auf mehr als hundert Milliarden Goldmark. Diese mussten in Form von Goldmünzen, Devisen und Sachgütern gezahlt werden. Da die Einnahmen des deutschen Staates an Steuern und Abgaben die Ausgaben bei weitem nicht abdecken konnten, war die Reichsbank gezwungen, immer neue Kredite aufzunehmen. Um den Finanzbedarf des deutschen Staates zu decken, erhöhte die Reichsbank außerdem ständig die umlaufende Geldmenge.

Dies führte zu einer stets höher werdenden Inflation, die schließlich in der Hyperinflation endete. Die Papiermark war kaum noch das Papier wert, auf dem sie gedruckt wurde. Das hatte weitreichende Folgen. Die Versorgung der deutschen Bevölkerung mit Lebensmitteln und Dingen des täglichen Bedarfs brach fast völlig zusammen. Viele Menschen verarmten und verloren ihre Ersparnisse.

Aber auch in dieser Zeit gab es Profiteure. Einer ganzen Reihe von Unternehmern und Industriellen schafften es mit Hilfe einer extensiven Kreditaufnahme und dem kreditfinanziertem Kauf von anderen Unternehmen und Grundbesitz, ihr Vermögen erheblich auszuweiten und als Gewinner aus dieser Krise hervorzugehen.

Dem deutsche Staat wiederum gelang es, durch die Hyperinflation seine Kriegsschulden auf Null zu bringen. Seine an das Volk veräußerten Kriegsanleihen waren kaum noch etwas wert. (198) (199) (200) (201)

1929

Der nächste Schock für die deutsche Bevölkerung sollte schon bald kommen. Nach einem Ende des kreditfinanzierten Höhenrausches der amerikanischen Wirtschaft und deren Aktienbörse kam es in Amerika 1929 zu einem Crash, der sehr schnell auf die Weltwirtschaft übergriff und dort die bis dahin größte Weltwirtschaftskrise auslöste.

Da Deutschland von amerikanischen Krediten abhängig war und die amerikanischen Banken nach dem Zusammenbruch der Börsen das geliehene Geld zurückforderten, brach auch die deutsche Wirtschaft in sich zusammen. Es kam zu Massenentlassungen. Die Arbeitslosenzahl in Deutschland stieg innerhalb von drei Jahren von knapp zwei Millionen auf über sechs Millionen. (202) (203)

Doch nicht nur das. Heinrich Brüning, der seit 1930 Reichskanzler war, setzte zur Bekämpfung der Wirtschaftskrise auf Steuererhöhungen sowie Ausgabenkürzungen. Die staatlichen Leistungen für Arbeitslose und Rentner wurden auf ein Minimum gekürzt. Löhne und Gehälter der Arbeiter und Angestellten erheblich gesenkt. Der dadurch bedingte Rückgang der Kaufkraft ging mit einem Rückgang der Nachfrage nach Konsumgütern daher. Es begann der teuflische Kreislauf der Deflation in Deutschland.

Die Verelendung der Massen in Deutschland aufgrund dieser Krise und der misslungenen politischen Maßnahmen dagegen, sorgte dafür, dass immer mehr Menschen sich, im irrigen Glauben, dass er Wohlstand und Arbeit für jeden Deutschen bringen würde, Adolf Hitler und seiner Nationalsozialistischen Deutschen Arbeiterpartei (NSDAP) zuwandten. Viele hofften durch Hitler auf ein Wiedererstarken der deutschen Nation. (204)

1933

So war es kein Wunder, dass die Nationalsozialistische
Deutsche Arbeiterpartei (NSDAP) bald stärkste Fraktion im
deutschen Reichstag war und Hitler 1933 vom
Reichspräsidenten Paul von Hindenburg zum Reichskanzler
ernannt wurde. (205)

Dies hatte Hitler aber nicht allein seinen aufrührerischen
Reden und seinen falschen Versprechungen, sondern vor
allem auch der Unterstützung durch eine ganze Reihe von
Fabrikanten, Geschäftsleuten und Bankiers zu verdanken. So
trafen sich im Februar 1933 siebenundzwanzig hochrangige
Fabrikanten und Bankiers mit Hitler, um ihm während dieses
geheim gehaltenen Treffens ihre finanzielle Unterstützung
zuzusichern, die sich zunächst auf drei Millionen Reichsmark
belief.

Zu seinen Unterstützern während des deutschen Faschismus
zählten Gustav Krupp von Bohlen und Halbach, Fritz Thyssen,
Karl Haniel, Günther Quandt, Friedrich Flick, die IG Farben,
die Dresdner Bank, die Allianz, die Münchner Rück, die
Deutsche Bank, Daimler, BMW, Volkswagen und viele andere.

Die Fabrikanten, Geschäftsleuten und Bankiers hatten
eindeutige Interessen. Sie wollten verhindern, dass
kommunistische und sozialistische Kräfte in Deutschland an
die Macht kamen und sie von diesen enteignet wurden. Zuviel
Demokratie und Mitbestimmung des Volkes wurde von ihnen
als bedrohlich empfunden. Gleichzeitig sollten neue
Absatzmärkte und Rohstoffquellen geschaffen werden. Am
besten durch einen Krieg. Für beide Aufgaben war Hitler der
ideale Mann. (206)

Aber Hitler fand nicht nur Unterstützer in Deutschland. Die
Amerikanischen Industriellen Henry Ford, James David
Mooney und Thomas John Watson sowie deren deutsche
Tochterunternehmen Opel, Ford Werke AG und Dehomag

halfen dabei, die Wehrmacht mit den notwendigen Fahrzeugen und Hollerith-Maschinen (Maschinen zur Verarbeitung von Lochkarten) auszustatten. Standard Oil of New Jersey lieferte verschiedene Ölprodukte, um die Luftwaffe und das Heer am Laufen zu halten. Die amerikanischen Banken Brown Brothers Harriman & Co. und Union Banking Corporation gaben Hitler großzügig Kredite, um die Aufrüstung zu finanzieren. Dabei halfen auch die Bank für Internationalen Zahlungsausgleich (BIZ) und die Bank of England. (207) (208) (209) (210) (211)

Hitler und der Nationalsozialistischen Deutschen Arbeiterpartei (NSDAP) gelang es dank der vielfältigen Unterstützung ihre Macht in Deutschland immer weiter auszudehnen. Der Brand des Reichstagsgebäudes in Berlin lieferte schließlich den Anlass, um die Verordnung des Reichspräsidenten zum Schutz von Volk und Staat zu verabschieden. Damit wurden sämtlichen bürgerlichen Rechte außer Kraft gesetzt und der Rechtsstaat abgeschafft. Es gab keine Pressefreiheit und kein Recht der freien Meinungsäußerung mehr. Hausdurchsuchungen und das Abhören von Telefonaten wurden erlaubt. Den Brand des Reichstagsgebäudes sollte ein Einzeltäter verübt haben, was aber umstritten war.

Die Verordnung des Reichspräsidenten zum Schutz von Volk und Staat gab Hitler und der Nationalsozialistischen Deutschen Arbeiterpartei (NSDAP) jetzt die Legalität für etwas, was schon lange Zeit geplant war. Über hunderttausend Kommunisten und andere politische Gegner wurden verhaftet, viele von ihnen grausam gefoltert und schließlich ermordet. Dabei arbeitete die Sturmabteilung (SA) der NSDAP eng mit der Polizei zusammen. Die Zahl der Mitglieder der SA war mittlerweile auf mehrere hunderttausend Mann angewachsen.

Ein weiterer Schritt zur faschistischen Diktatur war das kurz darauf verabschiedete Gesetz zur Behebung der Not von Volk und Reich, das die gesetzgebende Gewalt vollständig an

Hitler übertrug. Bald danach wurden alle Parteien außer der NSDAP verboten. (212) (213) (214)

1939

Zur Vorbereitung des Krieges wurde in Deutschland 1935 die Wehrpflicht wieder eingeführt. Die Anzahl der Soldaten in der Wehrmacht wuchs von etwas über hunderttausend auf viereinhalb Millionen Mann.

Anhand eines Vierjahresplanes, der 1936 erlassen wurde, wurde durch Hitler festgelegt, dass Deutschland innerhalb von vier Jahren in der Lage sein sollte, erfolgreich Krieg zu führen. Dieser Krieg würde dazu dienen, den Lebensraum des deutschen Volkes dauerhaft auszuweiten und gleichzeitig eine ausreichende Versorgung mit Rohstoffen und Nahrungsmitteln sicherzustellen.

Der Anteil der Ausgaben für Rüstung und Militär im Haushalt des deutschen Staates erreichte dementsprechend bis 1938 fünfzig Prozent. Davon profitierten vor allem die Rüstungsindustrie und die Fabrikanten, die diesen Unternehmen vorstanden. Dies waren zufälligerweise auch diejenigen, die Adolf Hitler an die Macht gebracht hatten. Ziemlich verrückt, oder?

Unter der Duldung Englands und Frankreichs besetzte Deutschland 1938 Österreich. Im gleichen Jahr wurde die Tschechoslowakei mit Hilfe des Münchener Abkommen gezwungen, Böhmen und Mähren an Deutschland abzutreten. Das Münchener Abkommen hatten England, Frankreich, Italien und Deutschland unterzeichnet. 1939 annektierte die Deutsche Wehrmacht auch noch den Rest der Tschechoslowakei.

Aber der Hunger des deutschen Imperialismus war noch lange nicht gestillt. Im September 1939 überfiel Deutschland

Polen. Frankreich und England, die Polen eigentlich in einem solchen Falle unterstützen wollten, erklärten Deutschland zwar den Krieg, leisteten dem überfallenen Land aber keine militärische Beistand. Amerika verwies anlässlich dieses kriegerischen Konflikts auf seine Neutralität. Das sollte sich aber in nicht allzu ferner Zeit ändern. Schließlich war Deutschland zum größten Konkurrenten Amerikas auf dem Weltmarkt herangewachsen.

Wenige Monate später erfolgten die Überfälle auf Dänemark und Norwegen. Kurz danach wurden Frankreich, Belgien und die Niederlande eingenommen. Deutschland war zur bestimmenden Großmacht in Europa geworden. (215)

Während es Hitler mit Hilfe der Deutschen Wehrmacht gelang, immer größere Gebiete Europas seinem Herrschaftsbereich einzuverleiben, begann innerhalb Deutschlands einer der größten Völkermorde in der Geschichte der Menschheit. Nach der Reichspogromnacht im November 1938 wurde es immer deutlicher, dass Juden in Deutschland und den eroberten Gebieten nicht länger ihres Lebens sicher waren. Die Sturmabteilung (SA) und die Schutzstaffel (SS) der NSDAP gingen voller brutaler Gewalt gegen die jüdische Bevölkerung vor, brannten Synagogen nieder und zerstörten jüdische Geschäfte. Bis 1945 wurden über sechs Millionen Menschen jüdischen Glaubens verhaftet, in Konzentrationslagern eingesperrt und schließlich erbarmungslos ermordet. (216)

Der größte Teil des Vermögens der jüdische Bevölkerung wurde enteignet oder geraubt. Allein der Wert des Goldes, der den Häftlingen der Konzentrationslager abgenommen wurde, betrug sechzig Millionen Reichsmark. Hunderttausend jüdische Firmen wurden entweder von Konkurrenten übernommen oder zerstört. Nachbarn plünderten die Wohnungen ihrer ehemaligen Hausgenossen und stahlen Möbel, Geschirr und Kunstgegenstände. Deutsche Kaufhäuser wie Hertie, Kaufhof und Horten freuten sich über den Wegfall ihrer jüdischen Konkurrenten und expandierten.

Industrieunternehmen wie IG Farben, Degussa, Mannesmann und Flick sowie Banken wie die Dresdner Bank, Deutsche Bank und Commerzbank profitierten ebenfalls in ungeheuerlichster Weise von der Ermordung der Juden. (215) (217)

Das Kriegsglück Deutschlands hielt allerdings nicht ewig an. Nachdem im Juni 1941 die Deutsche Wehrmacht die Sowjetunion überfiel und im Dezember des gleichen Jahres Amerika in den Krieg mit eintrat, wurde nach und nach klar, dass Deutschland und seine Verbündeten dieses Krieg nicht gewinnen konnten. Zu groß war der Wille des sowjetischen Volkes, sein Land zu verteidigen, und zu mächtig war der Vorrat des amerikanischen Volkes an Rohstoffen und die Möglichkeit, diesen Vorrat in jegliche Form von Kriegsgerät umzuwandeln. Bis zur bedingungslosen Kapitulation aller deutschen Truppen im Mai 1945 kamen in diesem Krieg über sechzig Millionen Menschen ums Leben. (218)

1949

Wie in zahlreichen amerikanischen Western und Kriminalfilmen siegte auch im zweiten Weltkrieg das Gute über das Böse. Das böse Deutschland wurde zerbombt und vernichtend geschlagen, das gute Amerika und seine Verbündeten gingen als Sieger aus den Kämpfen hervor. Aber wie sollte es mit Deutschland weitergehen? Dazu gab es bei den Siegermächten sehr unterschiedliche Ansichten.

Der amerikanische Finanzminister Henry Morgenthau junior sah das gesamte deutsche Volk für die Verbrechen des nationalsozialistischen Regimes in der Verantwortung (Kollektivschuld) und hatte die Vorstellung, das besiegte Deutschland zur Strafe dafür in mehrere Teile zu zerschlagen und zu einem reinen Agrarstaat ohne jegliche Industrie umzugestalten. Diese Auffassung war dem neuen amerikanischen Präsidenten Harry S. Truman, der das Amt nach dem Tod von Roosevelt übernahm, allerdings zu weitreichend und konnte sich nicht durchsetzen. Morgenthau trat daher von seinem Amt zurück. (219)

Truman teilte die Auffassung des „Council on Foreign Relations", dem auch sein Außenminister Dean Gooderham Acheson angehörte, dass die Sowjetunion den Feind darstellte, der in Zukunft mit aller Macht bekämpft werden musste. Der westliche Teil Deutschlands sollte deshalb als Verbündeter der Westmächte erneut eine wichtige Rolle spielen. Außerdem war weiten Teilen der amerikanischen Fabrikanten, Geschäftsleuten und Bankiers, die nach dem Tod Roosevelts wieder das Sagen in der amerikanischen Regierung zurück gewonnen hatten, wichtig, dass die Investitionen, die durch sie schon seit Jahren in Deutschland getätigt wurden, sich auszahlten und zu diesem Zweck zumindest die westliche deutsche Wirtschaft schnellstmöglich wieder zu ihrer alten Leistungsfähigkeit zurückgebracht werden sollte. (220)

Um die befürchtete Expansion der Sowjetunion und überhaupt aller kommunistischer Umtriebe in der Welt zu verhindern, war Amerika fast jedes Mittel recht. Die Angst vor der Sowjetunion lieferte auch die Begründung für die Verabschiedung des „European Recovery Programs" (auch Marshallplan genannt) im amerikanischen Kongress. Im Rahmen dessen wurden durch Amerika für den Wiederaufbau Westeuropas Kredite und Sachleistungen im Wert von über dreizehn Milliarden Dollar zur Verfügung gestellt. (221)

Nicht im Sinne Amerikas wäre die Neutralität Deutschlands gewesen. Daher wurde sichergestellt, dass die Westmächte und der Bundeskanzler der Bundesrepublik Deutschland Konrad Hermann Joseph Adenauer den Vorschlag von Josef Wissarionowitsch Stalin, dem Generalsekretär des Zentralkomitees der Kommunistischen Partei der Sowjetunion, einen Friedensvertrag mit dem vereinten Deutschland abzuschließen, dort ein demokratisches politisches System zu etablieren, aber gleichzeitig sicherzustellen, dass Deutschland neutral bleiben und sich keinem militärischen Bündnis anschließen würde, ablehnten. (222)

Ebenfalls wichtig für Amerika war, dass sozialistische oder kommunistische Unabhängigkeitsbestrebungen in den Ländern ihres Machtbereiches im Keim erstickt wurden (Truman-Doktrin). So wurden im Griechischen Bürgerkrieg, der 1949 endete, zunächst von England und danach von Amerika die antikommunistischen Kräfte erfolgreich militärisch und finanziell unterstützt. Folge davon war, dass in Griechenland ein von Repressionen geprägte Scheindemokratie der extremen Rechten an die Macht kam. Gegner des Regimes wurden verhaftet und in Straflagern untergebracht. Freiheitsrechte wurden mit Füßen getreten. Die Pressefreiheit und die Unabhängigkeit der Justiz waren zum Fremdwort geworden. (223)

Natürlich sollten auch in Deutschland nach dem Krieg antikapitalistische Strömungen verhindert werden und eine amerikafreundliche Regierung an die Macht kommen. Im Ahlener Programm der Christlich Demokratischen Union Deutschlands (CDU) und im Godesberger Programm der Sozialdemokratische Partei Deutschlands (SPD) wurden noch die Abkehr von kapitalistischen Gewinn- und Machtstreben und die Hinwendung zum Wohlergehen des deutschen Volkes sowie die Bändigung der Macht der Großkapitalisten gefordert. Das klingt zwar verrückt, war aber wirklich so. (224) (225)

Ein Abschwören von der neu zu schaffenden liberalkapitalistischen Wirtschafts- und Gesellschaftsordnung in Westdeutschland war allerdings unter der Kanzlerschaft von Adenauer nicht zu erwarten, weshalb er jede erdenkliche Unterstützung für seinen Wahlkampf durch Amerika erhielt und sich 1949 gegen seinen Konkurrenten von der Sozialdemokratische Partei Deutschlands (SPD), Kurt Ernst Carl Schumacher, durchsetzen konnte. Gelder für den

Wahlkampf flossen durch Robert Paul Pferdmenges, einem engen Freund Adenauers, organisiert von den Arbeitgeberverbänden in die Wahlkampfkasse der Christlich Demokratischen Union Deutschlands (CDU). Deren Höhe belief sich auf vier Millionen Deutsche Mark. (226) (227)

Im Kabinett von Adenauer saßen viele ehemalige Mitglieder der Nationalsozialistischen Deutschen Arbeiterpartei (NSDAP). Zu den prominentesten Namen gehörten Hans Josef Maria Globke, der unter Adenauer Chef des Bundeskanzleramts war, Theodor Erich Ernst Emil Otto Oberländer, der als Bundesminister für Vertriebene, Flüchtlinge und Kriegsgeschädigte fungierte, Waldemar Erich Kraft, der als Bundesminister für besondere Aufgaben eingesetzt wurde, Franz Josef Strauß, ebenfalls Bundesminister für besondere Aufgaben, und Karl Maria Hettlage, Leiter der Haushaltsabteilung des Bundesministeriums der Finanzen. Warum saßen diese ehemaligen Größen des nationalsozialistischen Machtapparates nicht hinter Gittern, sondern im deutschen Bundestag? (228) (229) (230)

Das hatte viel mit der amerikanischen Besatzungsmacht zu tun. Der amerikanische Antikommunist Allen Welsh Dulles war als Mitbegründer des Militärgeheimdienstes Office of Strategic Services (OSS) und späterer Leiter der Central Intelligence Agency (CIA) sehr daran interessiert, Deutschland als Verbündeten im Kampf gegen die kommunistische Sowjetunion zu gewinnen. Dabei war es für ihn auch kein Problem, auf die Hilfe von ehemaligen Größen des nationalsozialistischen Machtapparates zurückzugreifen. Diese hatten ja schon bewiesen, dass sie Antikommunisten waren. Unterstützt wurde er dabei von seinem Freund und Geschäftspartner John Jay McCloy, der ehemaliger Präsident der Weltbank und ab 1949 Hoher Kommissar Amerikas und damit höchster und mächtigster Vertreter Amerikas in der Bundesrepublik Deutschland war.

Dank der Initiative dieser beiden noblen Herren fanden sich bald viele ehemalige Mitglieder des nationalsozialistischen

Machtapparates statt im Gefängnis in hohen Positionen innerhalb der Bundesrepublik Deutschland wieder. Sie arbeiteten dort wie schon vorher als Fabrikanten, Geschäftsleute und Bankiers sowie Politiker, Richter und Wissenschaftler. Entweder wurden sie gar nicht verurteilt oder befanden sich nach kurzer Zeit erneut auf freiem Fuß. Zu ihnen gehörten altbekannte Namen wie Alfried Krupp von Bohlen und Halbach (Krupp AG), Günther und Herbert Werner Quandt (VARTA, BMW, Mercedes-Benz, KUKA AG), Friedrich Flick (Friedrich Flick KG), Hermann Josef Abs (Kreditanstalt für Wiederaufbau, Deutsche Bank), Friedrich Jähne (Farbwerke Hoechst), Philipp Heinrich Hörlein (Bayer AG), Heinrich Wilhelm August Bütefisch (Ruhrchemie, Deutsche Gasolin AG), August von Knieriem (BASF), Heinrich Nordhoff (VW), Hermann Johannes Conring (Landrat), Georg Graf Henckel von Donnersmarck (MdB) und Heinz Reinefarth (Bürgermeister). (231) (232) (233)

Dem Generalmajor der Wehrmacht Reinhard Gehlen wurde im Rahmen dieser ganz besonderen Art der Entnazifizierung eine sehr spezielle Aufgabe zugedacht. Er sollte im Auftrag von Dulles einen Geheimdienst gründen, der Deutschland vor Angriffen des kommunistischen Auslands beschützen und gleichzeitig verhindern sollte, dass linke Kräfte in Deutschland zu mächtig wurden. Die Mitarbeiter dieser Organisation Gehlen, die später in den Bundesnachrichtendienst (BND) überging, rekrutierten sich überwiegend aus der Schutzstaffel (SS), dem Sicherheitsdienst des Reichsführers SS (SD), der Geheime Staatspolizei (Gestapo) und dem deutschen militärischen Geheimdienst in Reichswehr und Wehrmacht (Abwehr). (234)

Der Organisation Gehlen gelang es, eine ganze Reihe von Kontaktpersonen im östlichen Deutschland für Spionagezwecke anzuwerben. Diese Spione wurden aber mit den Jahren fast alle durch die Staatssicherheit entdeckt.

Viel wichtiger war Gehlen allerdings, innerhalb von Westdeutschland kommunistische Umtriebe und Fälle sowjetischer Infiltration aufzudecken. Dazu wurden Akten von sämtlichen Kontaktpersonen, mit denen die Organisation Gehlen zu tun hatte, und von Personen von besonderem Interesse (Politikern, Wissenschaftlern und Journalisten) angelegt, die teilweise sehr sensible persönliche Informationen enthielten. Diese Daten wurden unter anderem dazu benutzt, um regierungsfeindliche Aktivitäten zu unterbinden oder politische Widersacher zu diskreditieren. Dies alles mit Wissen und Duldung von Bundeskanzler Adenauer. (235)

Die Organisation Gehlen hatte aber noch eine weitere wichtige Aufgabe. Ihr unterstand die in Deutschland ansässige Stay-behind-Organisation, die die NATO (North Atlantic Treaty Organization) zusammen mit anderen Organisationen in Amerika und vielen europäischen Ländern ins Leben gerufen hatte. Diese paramilitärischen und faschistischen Untergrundorganisationen hatten die Aufgabe, im Falle einer Invasion der Sowjetunion durch Anschläge und Attentate hinter den Linien gegen die kommunistischen Besatzer zu bekämpfen. Dazu waren im ganzen Land geheime Waffendepots angelegt und ausgewählte faschistischen Untergrundkämpfer in Techniken des Nachrichtenwesens und der Sabotage ausgebildet worden. Diese faschistischen Untergrundkämpfer waren auch im Besitz von sogenannten Todeslisten, also Listen von Menschen, die bei einer sowjetischen Invasion zuerst getötet werden sollten.

Als nach ein paar Jahren klar wurde, dass die Sowjetunion nicht in Deutschland und den anderen westlichen Staaten einmarschieren würde, veränderte sich der Hauptaugenmerk dieser Stay-behind-Organisationen. In den Fokus traten nun die kommunistischen Gefährder der liberalkapitalistischen Wirtschafts- und Gesellschaftsordnung, die sich schon in den westlichen Staaten befanden. Um sie auszuschalten, war den Stay-behind-Organisationen nahezu jedes Mittel recht. Selbst Staatsstreiche wurden bei der anstehenden Wahl von linken Regierungen durch Gehlen in Betracht gezogen. Ansonsten gehörten gezielte Tötungen und Bombenanschläge genauso zu ihrem Repertoire wie das Legen von falschen Fährten. Furchtbare Beispiele dieses staatsgedeckten Terrors waren die schrecklichen Bombenanschläge auf dem Oktoberfest in München und der in Bologna in den Achtzigerjahren. (236) (237) (238)

Die Stay-behind-Organisationen wurden laut Angaben des Bundesnachrichtendienst (BND) Anfang der Neunzigerjahre komplett aufgelöst. Schwer zu verstehen ist dann aber, dass 2018 die Existenz einer „Schattenarmee" aufgedeckt wurde, deren Mitglieder sich aus Bundeswehrsoldaten, Polizisten, Geheimdienstmitarbeitern und Juristen zusammensetzte. Diese Untergrundarmee hatte ganz im Sinne der Stay-behind-Organisationen Todeslisten und geheime Waffendepots angelegt, um bei Bedarf kommunistische Gefährder der liberalkapitalistischen Wirtschafts- und Gesellschaftsordnung in Lagerhallen zu internieren und kurz darauf zu töten. Ging damals ein Aufschrei des Entsetzens durch Deutschland? Ich kann mich nicht daran erinnern, dass das geschah. Das ist doch ziemlich verrückt, oder? (239)

Amerika sah der Entwicklung des Antikommunismus in Westdeutschland, der sich unter der Herrschaft von Adenauer mit Hilfe unterschwelliger Propagandamaßnahmen in den Köpfen der deutschen Bevölkerung zunehmend festsetzte, sehr wohlwollend entgegen. Damit war schließlich ein wichtiges politisches Ziel erreicht.

Amerika profitierte aber noch in ganz anderer Weise von der schon erwähnten besonderen Art der Entnazifizierung wichtiger Persönlichkeiten des nationalsozialistischen Machtapparates. So wurden nach dem Ende des Krieges im Rahmen des militärisches Geheimprojekts „Operation Overcast„ weit über tausend deutsche Forscher, Ingenieure und Techniker aus den Bereichen Raketentechnik, Flugzeugbau und Luftfahrtmedizin nach Amerika gebracht, um dort im Auftrag Amerikas an wichtigen Forschungs- und Rüstungsprojekten zu arbeiten. Zu den Bekanntesten unter

ihnen zählten Wernher Magnus Maximilian Freiherr von Braun
(SS-Sturmbannführer), Kurt Heinrich Debus. Arthur Louis
Hugo Rudolph (SS-Hauptsturmführer) und Georg Felix von
Tiesenhausen. (240) (241)

1955

Entgegen den Wünschen von großen Teilen der deutschen
Bevölkerung plante Adenauer schon sehr bald nach seiner
Wahl zum Bundeskanzler die Wiederbewaffnung
Deutschlands. Dabei unterstützt wurde er von McCloy, dem
Hohen Kommissar Amerikas in Deutschland, und Dean
Gooderham Acheson, dem amerikanischen Außenminister.
Beide waren der Ansicht, dass für die Verteidigung Europas
gegen die Sowjetunion ein militärisch wiedererstarktes
Deutschland unentbehrlich war.

Wie so oft, sahen sich die führenden Politiker der
Bundesrepublik Deutschland und insbesondere der
Bundeskanzler Adenauer nicht in der Lage, den Wünschen
des Großteils des deutschen Volkes zu entsprechen. Es kam
zu Demonstrationen und Streiks. Pazifisten, gläubige
Christen, Gewerkschafter und linke Demokraten standen
Seite an Seite, um die Wiederbewaffnung zu verhindern. Es
gab immer mehr Forderungen nach einer Volksbefragung und
wurden sechs Millionen Unterschriften gegen die
Wiederbewaffnung gesammelt.

Die Gegner der Wiederbewaffnung wurden von Konrad
Hermann Joseph Adenauer jedoch öffentlich als Dummköpfe
oder Verräter verunglimpft. Es ging sogar noch weiter. Alle
Menschen, die sich nicht der Regierungsmeinung anschließen
wollten, waren sehr bald als engstirnige Kommunisten
verschrien, die den Umsturz der verfassungsmäßigen
Ordnung planten. So kam es 1950 auch zur Verabschiedung

des „Erlasses gegen Verfassungsfeinde", was einem
Berufsverbot für Kommunisten gleichkam. (243) (244) (245)

Es war also nicht verwunderlich, dass sich dank des Schüren
des Hasses gegen Kommunisten und der Förderung der
Angst vor einer sowjetischen Invasion, sich Adenauer
durchsetzten konnte und ab 1955 die Wiederbewaffnung
Deutschlands erfolgte. Im gleichen Jahr wurde Deutschland
auch in der NATO (North Atlantic Treaty Organization)
aufgenommen. (246)

An der Wiederbewaffnung Deutschland verdienten nicht nur
verschiedene Rüstungskonzerne. Auch die schwarzen Kassen
der Christlich Demokratischen Union Deutschlands (CDU) und
der Christlich-Soziale Union in Bayern e. V. (CSU) wurden
klammheimlich mit Zahlungen der beauftragten
Rüstungsfirmen in Millionenhöhe bedacht. So wurden bei der
Firma Hispano Suiza zehntausend Schützenpanzer im Wert
von über dreieinhalb Milliarden Deutsche Mark in Auftrag
gegeben. Als Provision dafür flossen fünfzig Millionen
Deutsche Mark in die schwarzen Kassen der Christlich
Demokratischen Union Deutschlands (CDU). Großes Problem
dabei war, dass die bestellten Schützenpanzer große Mängel
aufwiesen und kaum funktionsfähig waren. Dies war so
offensichtlich, dass es zu einem großen Skandal kam. Im
Rahmen der versuchten Aufklärung dieser Schwarzgeldaffäre
durch einen parlamentarischen Untersuchungsausschuss kam
es zu mehreren ungewöhnlichen Todesfällen und zum
Verschwinden wichtiger Zeugen. Sehr seltsam, nicht wahr?
(247)

1956

Ganz im Sinne des großen Hasses Adenauers auf
Kommunisten wird die Kommunistische Partei Deutschlands
(KPD) 1956 durch ein Urteil des Bundesverfassungsgerichts

verboten. Die Bundesregierung hatte diesen Antrag schon 1951 gestellt. Überall in der Bundesrepublik Deutschland standen Polizeikommandos bereit, um Parteifunktionäre zu verhaften, deren Büros zu durchsuchen und das Parteivermögen zu beschlagnahmen. Doch es wurden nicht nur Mitglieder der Kommunistischen Partei Deutschlands (KPD) verfolgt, schon allein die Äußerung von linkem Gedankengut reichte mitunter aus, um in die Mühlen der Justiz, die von Richtern des nationalsozialistischen Machtapparates dominiert wurde, zu geraten. Mehrere zehntausend Menschen wurden angeklagt, mehrere tausend wurden verurteilt. (248)

1966

Die wirtschaftliche Entwicklung der neu entstandenen Bundesrepublik Deutschland begann mit der Währungsreform in 1948. In diesem Jahr wurde die Deutsche Mark eingeführt, die sich bis zu der Einführung des EURO in 2003 zu einer der wichtigsten Währungen in der Welt entwickelte.

Im Rahmen dieser Währungsreform kam es zu einer weitgehenden Enteignung des Geldvermögens des deutschen Volkes. Deutlich begünstigt wurde durch die Währungsreform auf der anderen Seite allerdings der Besitz von Sachvermögen (Immobilien, Kunstgegenstände, Schmuck, Gold etc.) und Großvermögen (Fabriken, Banken, Großimmobilien etc.). Fabrikanten, Geschäftsleute und Bankiers gingen aus der Währungsreform somit gestärkt hervor und hofften auf satte Gewinne.

Plötzlich gab es wieder all das in den Läden zu kaufen, das bisher nur auf dem Schwarzmarkt zu erwerben war. Jedoch nur zu sehr hohen Preisen. Viele der Arbeiter und Angestellten konnten sich die angebotenen Waren nicht leisten, da die Löhne nicht in gleicher Weise gestiegen waren.

Es kam zu Protesten und Streiks. Über neun Millionen Arbeiter und Angestellte beteiligten sich an einem Generalstreik, in dem sie gegen Preistreiberei in den Geschäften und für Lohnerhöhungen und mehr Demokratie protestierten. Die Proteste wurden durch die Besatzungsmächte mit Hilfe von Panzern und Tränengas brutal niedergeschlagen. Als Reaktion darauf wurden Protestaktionen der Gewerkschaften durch die Besatzungsmächte verboten. Teilweise gab es Ausgangssperren. Doch dennoch hatten die Proteste Erfolg. Es erfolgten Lohnerhöhungen und die Preise für Lebensmittel und Bekleidung wurden gesenkt. (249) (250) (251)

Nach dieser kurzen Störung der liberalkapitalistischen Wirtschafts- und Gesellschaftsordnung in Westdeutschland, kannte die Wirtschaft in Deutschland vorerst nur noch eine Richtung, nämlich nach oben. Dies hatte mehrere Gründe. Einer der Ursachen dafür war, dass viele der Industrieanlagen in Deutschland die Bombardierung durch die alliierten Luftstreitkräfte ohne größere Beschädigungen überstanden hatten, während viele Städte in Schutt und Asche gelegt worden waren. Das war dadurch geschehen, dass die Bomberpiloten der westlichen Alliierten den Befehl gehabt hatten, amerikanische Tochterunternehmen wie IG Farben, AEG, Loewe, Ford und Opel zu verschonen. Somit konnte die Produktion von Industriegütern nach dem Kriegsende ohne größere Verzögerung wieder aufgenommen werden.

Zu Gute kam der wirtschaftlichen Entwicklung auch, dass aus den ehemaligen deutschen Ostgebieten ein Heer an Arbeitskräften nach Westdeutschland kam. Diese waren sehr gut ausgebildet und führten aufgrund ihrer Masse zu einer starken Konkurrenzsituation innerhalb der arbeitswilligen Menschen, weshalb Lohnforderungen zu dieser Zeit sehr moderat ausfielen und damit die Gewinne der Unternehmen stiegen.

Zum wirtschaftlichen Aufschwung in Deutschland trug zudem bei, dass Deutschland Teil der Europäischen

Wirtschaftsgemeinschaft (EWG) wurde und somit zukünftig über große Absatzmärkte im Ausland verfügte, wo deutsche Produkte immer beliebter wurden.

Die Wirtschaft florierte und konnte ihren Arbeitern und Angestellten immer höhere Löhne zahlen. Diese gaben dieses Geld für Autos, Kühlschränke, Waschmaschinen und Fernseher aus, was zu einem weiteren Wachstum der Wirtschaft führte. Der Wohnungs- und Hausbau boomte. Es entstanden in vielen Bereichen neue Arbeitsplätze. Das Schlagwort vom Wirtschaftswunder wurde geboren. Es herrschte Vollbeschäftigung und Arbeiter und Angestellte genossen einen immer höher werdenden Lebensstandard. Doch auch der sogenannte Rheinische Kapitalismus war nicht vor Krisen gefeit. (252) (253) (254)

Ab Anfang der Sechzigerjahre sanken die Wachstumsraten. 1965 machte sich angesichts steigender Preise die Angst vor einer Inflation breit. Deshalb erhöhte die Deutschen Bundesbank innerhalb eines Jahres den Leitzins um über eineinhalb Prozent. Folge davon war eine Verteuerung von Krediten und damit verbunden ein Rückgang der privaten und unternehmerischen Investitionen, die auf Krediten beruhten. Eine Vielzahl von Waren konnten nicht mehr verkauft werden. Arbeiter und Angestellte wurden angesichts übergroßer Produktionskapazitäten entlassen. Die Arbeitslosenquote stieg auf über zwei Prozent. Es war vorbei mit der Vollbeschäftigung. Immer mehr Firmen gingen pleite.

Der Bundeskanzler Ludwig Wilhelm Erhard glaubte entsprechend der neoliberalen Ideologie daran, dass sich der Markt selbst regulieren würde und kein Eingreifen durch den Staat notwendig sei. Zudem wurde durch seine Regierung, um das Haushalsdefizit zu verringern, das Gesetz zur Sicherung des Haushaltsausgleichs (Haushaltssicherungsgesetz) verabschiedet. Dieses weitreichende Sparprogramm verschlimmerte durch den Wegfall öffentlicher Investitionen die Wirtschaftskrise um ein Vielfaches. Angesichts der unterschiedlichen Ansichten zur

Behebung der Wirtschaftskrise zwischen dem
Koalitionspartner Freie Demokratische Partei (FDP) und der
Christlich Demokratischen Union Deutschlands (CDU) schied
die FDP aus der Koalition aus. Kurz darauf trat Erhard zurück.
(255) (256) (257)

Unter Kanzlerschaft von Kurt Georg Kiesinger bildete sich
1966 eine große Koalition aus CDU und SPD. Diese große
Koalition verabschiedete das Gesetz zur Förderung der
Stabilität und des Wachstums der Wirtschaft (StabG), das der
Regierung erlaubte, bei einem wirtschaftlichen Abschwung
lenkend einzugreifen und durch finanzpolitische Maßnahmen
einen konjunkturellen Aufschwung zu bewirken. Entgegen
dem neoliberalen Ansatz, den Erhard vertrat, war nun in
Deutschland die Zeit für eine antizyklische Finanzpolitik nach
John Maynard Keynes gekommen. Die Maßnahmen hatten
Erfolg. Die Rezession konnte beendet werden. (258)

Mit Kiesinger war durch die große Koalition ein Mann an die
Macht gekommen, der wie über sechzig andere hohe
Funktionsträger der Christlich Demokratischen Union
Deutschlands (CDU) Teil des nationalsozialistischen
Machtapparates und Mitglied in der Nationalsozialistischen
Deutschen Arbeiterpartei (NSDAP) gewesen war. Unter seiner
Kanzlerschaft kam es neben den wirtschaftspolitischen
Maßnahmen zu Reformen in der Sozialpolitik, wie der
Verbesserung des Kündigungsschutzes und der Ausweitung
der Lohnfortzahlung im Krankheitsfall, aber auch zur
Verabschiedung der Notstandsgesetze, die eine Entrechtung
des deutschen Volkes im Verteidigungsfall, im Falle eines
inneren Notstands oder im Katastrophenfall vorsahen. Durch
diese Notstandsgesetze waren die herrschenden Regierungen
zukünftig berechtigt, bei einem Notstand die Polizei und die
Bundeswehr zum Schutz der Ordnung und des Zivillebens im
Inneren einzusetzen und die Grundrechte der Bürgerinnen
und Bürger weitgehend einzuschränken. (259) (260)

Schon weit im Vorfeld der Verabschiedung der
Notstandsgesetze sprachen sich in Deutschland immer mehr

Menschen gegen dieses Gesetzeswerk aus, dem sie diktatorische Züge zuschrieben und das dem Staat zu viel Macht einräumen würde. Ihr Sprachrohr fanden sie in der Außerparlamentarischen Opposition (APO), deren Mitglieder sich aus Studenten, Gewerkschaftern, aber auch fortschrittlichen Professoren, Schriftstellern und Künstlern rekrutierte. Die neue linke Studentenbewegung, die seit Beginn der Sechzigerjahre immer mehr Fuß gefasst hatte und sich seit dem Mord an Benno Paul Johann Ohnesorg zunehmend radikalisierte, war das tragende Element der Außerparlamentarischen Opposition. Doch auch die letzte große Demonstration gegen die Notstandsgesetze, die in Form eines Sternmarsches mit schätzungsweise sechzigtausend Teilnehmern stattfand, konnte die Verabschiedung der Notstandsgesetze nicht verhindern. Der Widerstand dagegen war gescheitert. (261) (262)

1969

Wie in liberalkapitalistischen Wirtschafts- und Gesellschaftsordnungen üblich, ließ die nächste Wirtschaftskrise in Deutschland nicht auf sich warten. Mitte der Siebzigerjahre fielen die Wachstumsraten, die Inflation wuchs. Ausgelöst durch die extreme Teuerung der Kosten für Öl und Benzin angesichts der Erhöhung der Rohölpreise durch die Organisation erdölexportierender Länder (OPEC), mussten die Menschen immer Geld zum Heizen und Autofahren aufwenden. Aber auch die Preise für andere Güter des täglichen Lebens stiegen erheblich an.

Die Unternehmen investierten immer weniger, es kam zu Kurzarbeit und Entlassungen. Die Zahl der Arbeitslosen verdoppelte sich auf über sechshunderttausend Menschen. Arbeiter und Angestellte forderten in Anbetracht des extremen Anstiegs der Preise Lohnerhöhungen. In 1973 kam es im Auto-Werk bei Ford in Köln zu einem von ausländischen

Arbeitskräften initiierten wilden Streik und einer Besetzung des Werkes. Daran beteiligten sich über zwanzigtausend ausländische und deutsche Arbeiter mit der Forderung auf einen höheren Stundenlohn, die Ausweitung des Urlaubsanspruches und der Reduzierung der Geschwindigkeit des Fließbands. Der Streik wurde mit Hilfe von Streikbrechern und der Polizei niedergeschlagen. Teile der Streikenden wurden verhaftet, viele entlassen. Ähnliche wilde Streiks fanden auch bei Kolbenschmidt Pierburg in Neuss, bei Opel in Bochum, bei der Gutehoffnungshütte in Oberhausen und bei Hella in Lippstadt statt. (263) (264) (265)

In 1974 legten im Rahmen eines ersten bundesweiten Streiks zweihunderttausend Arbeiter und Angestellte im öffentlichen Dienst ihre Arbeit nieder. Sie forderten fünfzehn Prozent mehr Lohn. In diesem Streik ging es aber auch um die Verteidigung der Tarifautonomie, denn Bundeskanzler Willy Brandt hatte zuvor die Gewerkschaft öffentliche Dienste, Transport und Verkehr (ÖTV) gebeten, mit ihren Forderungen unter zehn Prozent zu bleiben. Anders als die Arbeiter in Ford-Werken hatten die Arbeiter und Angestellte im öffentlichen Dienst Erfolg mit ihren Forderungen. Sie erstreikten elf Prozent mehr Lohn. (266)

Dieses Streikergebnis war einer der Gründe dafür, dass Brandt, der von 1969 bis 1974 Bundeskanzler der Bundesrepublik Deutschland war, 1974 von seinem Amt zurücktrat. Dazu trugen auch die Aufdeckung der Spionagetätigkeit seines persönlichen Referenten Günter Karl Heinz Guillaume und die mangelnde Rückendeckung, die er in der SPD besaß, bei. (267) (268)

Als Brandt 1969 zum ersten sozialdemokratischen Bundeskanzler der Bundesrepublik Deutschland gewählt wurde, begann eine Zeit des Umbruchs, der Demokratisierung und der Annäherung. Dank der sozialliberalen Koalition unter seiner Kanzlerschaft konnten junge Erwachsene bald mit achtzehn Jahren wählen gehen, wurde das Bundesausbildungsförderungsgesetz (BAFöG) verabschiedet, was Kindern aus einkommensschwachen Familien einen besseren Zugang zur Bildung ermöglichte, und kam es zu einem Ausbau des Schutzes bei Krankheit sowie zur Erhöhung der Renten und des Kindergeldes.

Außerdem wurde durch ihn der Atomwaffensperrvertrag unterzeichnet und im Rahmen seiner Ostpolitik die Annäherung an die Sowjetunion und andere osteuropäische Staaten erfolgreich durchgeführt. Damit gelang Brandt ein wichtiger Beitrag zur Sicherung des Friedens in Europa. Und das trotz des herrschenden Kalten Krieges. (269)

Aber nicht nur die Annäherung an die Sowjetunion und andere osteuropäische Staaten stießen auf großen Unwillen innerhalb der Christlich Demokratischen Union Deutschlands (CDU) und der Christlich-Soziale Union in Bayern e. V. (CSU). Brandt, ehemaliges Mitglied der Sozialistischen Arbeiterpartei (SAP), wurde schon seit Anfang der Fünfzigerjahre in deren Auftrag durch die Organisation Gehlen, dem späteren Bundesnachrichtendienst (BND), umfangreich überwacht. Dessen Chef Gehlen sah in Brandt einen Vaterlandsverräter. Die Überwachung Brandts wurde auch beibehalten, als er in der ersten großen Koalition unter Kiesinger Außenminister wurde. Es mag verrückt klingen, aber doch wäre es durchaus vorstellbar, dass westliche Geheimdienste wie der Bundesnachrichtendienst (BND) und die Central Intelligence Agency (CIA), die ja ursprünglich die Organisation Gehlen ins Leben gerufen hatte, schon lange wussten, dass Guillaume ein Spion war, diese Informationen aber zurückhielten, um Brandt in eine Falle zu locken und seinen Rücktritt zu forcieren. Der Bundesnachrichtendienst (BND) und die Central Intelligence Agency (CIA) wollten damit verhindern, dass die Politik der Annäherung an die Sowjetunion weiter fortgesetzt wurde. (270) (271) (272)

Ganz in diesem Sinne war auch das Bestreben von CDU und CSU zu sehen, Ende der Sechzigerjahre fernab der Kontrolle durch das Parlament und einer kritischen Öffentlichkeit einen eigenen geheimen Nachrichtendienstes aufzubauen, der ihren

politischen Gegner Brandt ausspionieren und diskreditieren
sollte. Dazu wurden geheime Informationen zu Brandt
gesammelt und an Boulevardzeitungen weitergegeben, die
das kräftig ausschlachteten. Beteiligt an der konspirativen
Gründung dieses Geheimdienstes waren Karl Theodor zu
Guttenberg, Kurt Georg Kiesinger, Hans Josef Maria Globke
und Franz Josef Strauß. Behilflich dabei war ihnen Wolfgang
Karl Johannes Reinhold Langkau, ehemaliger Mitarbeiter des
BND und Vertrauter von Gehlen, gewesen. Finanziert wurde
das Ganze durch Spenden der Unionsparteien, aber auch
durch umfangreiche Unternehmensspenden. Beendet wurde
die illegale Tätigkeit dieses geheimen Nachrichtendienstes
erst nachdem die Christlich Demokratischen Union
Deutschlands (CDU) wieder an der Macht kam und das war
1982. (273) (274)

1974

Helmut Heinrich Waldemar Schmidt übernahm nach dem
Rücktritt Brandts des Amt des Kanzlers der Bundesrepublik
Deutschland. Sein Schwerpunkt war allerdings nicht die
weitere Demokratisierung Deutschlands, sondern deren
wirtschaftliche Entwicklung. Das Zauberwort, das von nun an
alles beherrschte, war das Wachstum der Wirtschaft. Dieses
Wirtschaftswachstum sollte um jeden Preis gewährleistet
werden. Dazu wurden unter der Kanzlerschaft von Schmidt
diverse Konjunkturprogramme ins Leben gerufen, die unter
anderem eine Senkungen der Unternehmenssteuern und die
Förderung von öffentlichen Aufträgen vorsahen. Unterstützt
wurde auch die Exportwirtschaft. Aber trotz dieser
Maßnahmen sanken die Wachstumsraten. (275) (276)

Zudem wurden die Konjunkturprogramme mit Hilfe von
Krediten finanziert. Somit stieg die Staatsverschuldung
innerhalb von zehn Jahren von hundertzwanzig Milliarden
Deutsche Mark auf vierhundertsechzig Milliarden Deutsche

Mark. Was auch stieg waren die Inflationsraten und die Zahl
der Arbeitslosen.

Mittlerweile wurde auch absehbar, was der wirtschaftlichen
Entwicklung geopfert werden sollte. Die soziale Sicherheit
schwand immer mehr. Wegen der angeblichen
Kostenexplosion im Gesundheitswesen wurde 1977 das
Krankenversicherungs-Kostendämpfungsgesetz (KVKG)
verabschiedet, was zur Zuzahlungspflicht für Arzneimittel und
dem Wegfall der Obergrenze der Eigenbeteiligung bei
Zahnersatz führte. Außerdem wurden viele Medikamente
überhaupt nicht mehr von den Krankenversicherungen
bezahlt.

Das Krankenhausfinanzierungsgesetz (KHG) wiederum sollte
angeblich eine wirtschaftliche und bedarfsgerechte
Versorgung der Bevölkerung in den deutschen
Krankenhäusern sicherstellen, diente aber im Endeffekt dem
Bettenabbau und der Forcierung von Betriebsschließung im
Krankenhaussektor. (277)

Aber auch im Bereich der Arbeitsmarktpolitik waren unter der
Kanzlerschaft von Schmidt schon erste neoliberale Tendenzen
erkennbar. So wurden 1978 die Zumutbarkeitskriterien für
Arbeitslose im Arbeitsförderungsgesetz (AfG) verschärft, was
dazu führte, dass diese von nun an auch einen Arbeitsplatz
für geringer Qualifizierte annehmen und damit die Zahlung
eines geringeren Lohns in Kauf nehmen mussten. Und falls
sie sich nicht daran hielten, drohten Sanktionen wie der
Entzug der Leistungen. (278)

Eine sachgerechte und fortschrittliche Umweltpolitik stand
ebenfalls nicht auf der Agenda von Schmidt. Er hielt die
Nutzung und den Ausbau der Atomkraft für unerlässlich und
machte die Kritiker der Kernenergie in der eigenen Partei
durch Rücktrittandrohungen mundtot. Die Behauptung, dass
Atomstrom besonders preiswert war, ließ sich allerdings nicht
lange halten, da der Ausbau der Atomkraft durch Zahlungen
des Staates in Milliardenhöhe subventioniert wurde. Der
Widerstand, der sich im deutschen Volk gegen den Ausbau

der Atomkraft entwickelte, traf bei Schmidt jedoch auf kein
Verständnis. Er hielt die Protestler für Spinner oder Verrückte.
So war es nicht verwunderlich, dass er sich bald sehr heftigen
Protestaktionen der Anti-Atomkraft-Bewegung ausgesetzt
sah. Dank ihm und seiner ungenügenden Umweltpolitik kam
es schließlich zur Gründung der Partei der Grünen in
Deutschland.

Ebenfalls zu heftigen Protesten führte die Planungen zum
NATO-Doppelbeschluss, der die Aufrüstung Westeuropas mit
Atomraketen und nuklearen bestückten Marschflugkörpern
vorsah. Schmidt hatte die NATO-Partner Deutschlands
aufgrund seiner Angst vor einer sowjetischen atomaren
Überlegenheit gedrängt, mit der Sowjetunion in der
Bestückung und Anzahl der Raketen gleichzuziehen. Dieses
Art der Gleichgewicht des Schreckens sollte einen Atomkrieg
verhindern helfen. Das sahen jedoch weite Teile der
deutschen Bevölkerung völlig anders. Den NATO-
Doppelbeschluss verhindern konnten sie indes aber nicht.

Im Kampf gegen die Rote Armee Fraktion (RAF) zeigte sich
schließlich, wie zerbrechlich der Rechtsstaat in der
Bundesrepublik Deutschland inzwischen war. Inhaftierte
Terroristen sahen sich immer restriktiveren Haftbedingungen
ausgesetzt. Kontaktsperren gehörten zu ihrem Haftalltag. Im
Rahmen des Kampfes gegen den Terrorismus der RAF
wurden im Eiltempo eine ganze Reihe von Gesetzen
verabschiedet und Maßnahmen ergriffen, die zu
Einschränkungen von Grundrechten führten. Auf der Suche
nach flüchtigen Terroristen wurden im gesamten
Bundesgebiet Straßensperren errichtet und zahlreiche
Wohnungen und Geschäfte durchsucht. Zudem wurden
Nachrichtensperren für Zeitungen, Radio und Fernsehen
ausgesprochen. Während die Rechte von Verdächtigen und
deren Verteidigern geschwächt wurden, bekamen die
Staatsanwaltschaft, Strafjustiz und Polizei immer mehr
Befugnisse zugesprochen. Schon allein der Besitz von
Büchern und Zeitschriften, die Gewalt propagierten, wurde
strafbar. In dem neu herangewachsenen Obrigkeitsstaat war

das Denunziantentum gang und gäbe. Deutschland war im Herbst angekommen. Und Bundeskanzler Schmidt hatte dabei eine tragende Rolle gespielt. (279)

1982

Anlässlich der durch eine erneute Ölpreissteigerung ausgelösten Wirtschaftskrise in Deutschland Anfang der Achtzigerjahre, schoss die Zahl der Arbeitslosen auf annähernd zwei Millionen hoch. Viele von diesen Menschen gehörten inzwischen zu der Gruppe der Langzeitarbeitslosen. Die Preise stiegen inflationsbedingt teilweise um über sechs Prozent pro Jahr an. Da die Lohnsteigerungen damit nicht mithalten konnten, verloren die Menschen immer mehr an Kaufkraft und ging die Binnennachfrage stetig zurück. Anderseits machten die Unternehmen trotz der Krise satte Gewinne und erzielten Rekordüberschüsse im Außenhandel. In der sozialliberalen Koalition kam es angesichts dieser wirtschaftlichen Probleme zu erheblichen Konflikten. (280) (281)

Die Wirtschaftspolitik von Schmidt ging der Freien Demokratischen Partei (FDP) unter Hans-Dietrich Genscher und Otto Graf Lambsdorff mittlerweile angesichts der Krise und des stagnierenden Wirtschaftswachstums nicht mehr weit genug. Die von ihnen geforderten umfangreichen Kürzungen bei einschlägigen Sozialleistungen und gleichzeitige Förderung von Unternehmen, konnte die FDP nur noch zusammen mit der Christlich Demokratischen Union Deutschlands (CDU) und dessen Spitzenkandidaten Helmut Josef Michael Kohl durchsetzen. Daher strengten die Freie Demokratische Partei (FDP) und Christlich Demokratischen Union Deutschlands (CDU) gemeinsam ein konstruktives Misstrauensvotum gegen Schmidt an und setzten ihn als Bundeskanzler der Bundesrepublik Deutschland ab. Kurze Zeit später wurde Kohl zum neuen Bundeskanzler gewählt. (282)

Mit dieser Wahl von Kohl zum Bundeskanzler, begann die Politik einer fast vollständigen Hinwendung zum Neoliberalismus in Deutschland. Vorbereitet worden war dieser Schwenk der Politik durch Lambsdorffs „Konzept für eine Politik zur Überwindung der Wachstumsschwäche und zur Bekämpfung der Arbeitslosigkeit", was später auch oft Lambsdorff-Papier genannt wurde.

Wesentliche Teile dieses Lambsdorff-Papiers waren die Forderungen, dass der Staat verstärkt in Infrastrukturprojekte investieren, gleichzeitig aber Sozialausgaben kürzen sollte. Alles was Unternehmen belastete, sollte reduziert werden. Ein wichtiger Punkt dabei war die Abschaffung der Gewerbe- und Vermögenssteuer. Zum Ausgleich für diese Einnahmeverluste des Staates war eine Erhöhung der Mehrwertsteuer vorgesehen.

Sogenannte private Lebensrisiken sollten nicht mehr von staatlicher Seite abgesichert, sondern ganz im Sinne der neoliberalistischen Ideologie jedem Einzelnen eigenverantwortlich überlassen werden. Dazu gehörten die Beschränkung der Rentenhöhe und Heraufsetzung des Renteneintrittsalters, erheblich höhere Zuzahlungspflichten zu den Leistungen der Krankenversicherung, strengere Zugangsvoraussetzungen für den Empfang von Sozialleistungen, Reduzierung der Bezugsdauer von Arbeitslosengeld auf zwölf Monate und Verschärfung der Zumutbarkeit bei Annahme eines neuen Arbeitsplatzes für Arbeitslose. Einsparungen waren auch beim Mutterschaftsgeld, beim Bundesausbildungsförderungsgesetz (BAföG) sowie beim Wohngeld vorgesehen.

Außerdem war in dem Lambsdorff-Papier geplant, in umfangreicher Weise Deregulierung und Privatisierungen vorzunehmen. Leistungen der öffentlichen Hand sollten privatisiert und Unternehmen von staatlichen Eingriffen und Vorgaben wie der Verpflichtung zum Arbeitsschutz, der Mitbestimmung, der Haftung für fehlerhafte Produkte und dem Datenschutz weitgehend befreit werden. (283)

Für Hans Tietmeyer, der am Verfassen des Lambsdorff-Papier beteiligt war, erst die Bundesbank und später das Kuratorium der „Initiative Neue Soziale Marktwirtschaft" leitete, zählte der Sozialstaat zu dem Ursprung allen Übels. Nur in der Freiheit des Marktes und der Eigenverantwortung der einzelnen Menschen lag für ihn die Möglichkeit zu umfassender Gerechtigkeit. (284)

Die Regierung unter Kohl übernahm weite Teile des Lambsdorff-Papiers in ihr wirtschaftspolitisches Programm. Nach Ansicht von Kohl war es an der Zeit für eine geistig-moralische Wende. Unter seiner Kanzlerschaft sollte es zukünftig wieder mehr Markt und weniger Staat geben.

Schon sehr bald wurden die ersten Maßnahmen zu Konsolidierung des Haushalts und zur Förderung der Wirtschaft umgesetzt. Diese beinhalteten, wie von nun an üblich, eine Umverteilung des Reichtums von unten nach oben. Was ja auch in jedem Punkt der Ideologie des Neoliberalismus entsprach.

Konkret bedeutete das, dass deutschen Stahlfirmen insgesamt drei Milliarden Deutsche Mark an Subventionen erhielten. Ebenso gingen Subventionen in Millionenhöhe an Werften und Kohlezechen. Die Gewerbesteuer wurde gesenkt und die Unternehmen bekamen bessere Abschreibemöglichkeiten.

Die privaten Haushalte sahen sich dagegen durch eine Erhöhung der Mehrwertsteuer erheblich höheren Belastungen ausgesetzt. Leistungen wie Kindergeld, Wohngeld und Leistungen nach dem Bundesausbildungsförderungsgesetz (BAföG) wurden gekürzt. Fällige Anpassungen des Sozialhilfesatzes und der Renten wurden nicht vorgenommen.

Und zeitigten diese Maßnahmen den beschworenen Erfolg? Das kommt darauf an, aus wessen Sicht. Die Zahl der Arbeitslosen stieg in den folgenden Jahren auf weit über zwei Millionen an. Ebenso wie die Zahl der Sozialhilfeempfänger, die 1982 die Millionengrenze erreichte und bis 1991 auf über zwei Millionen stieg. Damit verbunden entwickelte sich auch die Armutsquote stets nach oben.

Ganz anders sah es bei den Unternehmen aus. Dank der durchschnittlichen Steigerung des jährliches Bruttoinlandsprodukts auf Werte zwischen zwei und zweieinhalb Prozentpunkte und der sinkenden Inflationsrate, machten die Unternehmen steigende Gewinne. Das bewog sie allerdings nicht unbedingt dazu, mehr Arbeitsplätze zu schaffen.

Zu vergessen war allerdings auch nicht, dass die Subventionen und Steuererleichterungen für die Unternehmen Geld kosteten. Geld, das trotz der Einsparungen bei Sozialleistungen, nicht ausreichend vorhanden war. Also tat die Regierung unter Kohl etwas, was sie den sozialliberalen Vorgängerregierungen stets vorgeworfen hatte. Sie machte im umfangreichen Maße Schulden. Diese stiegen bis 1998 von sechshundert Millionen auf über zwei Milliarden Deutsche Mark. (285)

Unter der Kanzlerschaft von Kohl wurden zahlreiche Unternehmen der öffentlichen Daseinsvorsorge privatisiert. Dazu gehörten kommunale Wasser- und Energieversorger, die Post, der öffentliche Nahverkehr, öffentliche Krankenhäuser, kommunale Müllentsorger sowie eine ganze Reihe von öffentlichen Unternehmen im Wohnungswesen.

Die dadurch versprochenen Vorteile für die Kommunen und die betroffenen Bürger blieben allerdings aus. Kurzfristig konnten die Kommunen durch die Verkäufe der kommunalen Unternehmen zwar ihre Haushalte entlasten, langfristig bedeuteten diese Verkäufe jedoch erhebliche Einnahmeverluste und den Verlust der Möglichkeit Einfluss auf die Gestaltung wichtiger Infrastrukturmaßnahmen zu nehmen. Die Bürger sahen sich deutlichen Preissteigerungen ausgesetzt und hatten mit einem deutlichen Qualitätsverlust der Dienstleistungen zu kämpfen. Eine weitere Folge dieser Privatisierungsmaßnahmen war ein erheblicher Rückgang der Anzahl öffentlicher Krankenhäuser und damit eine

Verschlechterung der Gesundheitsversorgung in ganz
Deutschland. (286) (287)

Weitgehende Folgen hatte auch, dass die Regierung unter
Kohl die Gemeinnützigkeit der Wohnungsgenossenschaften in
Deutschland abschaffte und deren Verkauf ermöglichte. So
wurde das Ende des sozialen Wohnungsbaus eingeleitet.
Mieten und Nebenkosten fraßen immer größere Teile des
Einkommens der Menschen in Deutschland auf.

Nutznießer dieser Abschaffung der Gemeinnützigkeit war
Ende der Achtzigerjahre zunächst Karl Ehlerding gewesen,
der Mitglied des Aufsichtsrats der Salzgitter AG sowie
Großaktionär des Konzerns WCM war und über
hunderttausend Wohnungen der Bundesbahn zu einem
Schnäppchenpreis ergattern konnte. Als Dank dafür spendete
er der Christlich Demokratischen Union Deutschlands (CDU)
und deren schwarzen Kassen fast Sechs Millionen Deutsche
Mark. (288) (289)

Wie ich schon erwähnt hatte, waren für die Christlich
Demokratischen Union Deutschlands (CDU) Spenden von
Unternehmen und schwarze Kassen schon unter der
Kanzlerschaft von Adenauer gang und gäbe. Kohl hatte diese
Art der Parteienfinanzierung noch etwas verfeinert. Ein paar
wenige Fälle kamen aber trotz der strengen Geheimhaltung
an die Öffentlichkeit.

Friedrich Karl Flick, reicher Unternehmer und Besitzer des
Flick-Konzerns, verkaufte 1975 ein Aktienpaket mit Daimler-
Benz-Aktien im Wert von annähernd zwei Milliarden Deutsche
Mark an die Deutsche Bank und beantragte bei der deutschen
Regierung, dies steuerfrei tun zu können. Durch das
Wirtschaftsministerium unter Hans Friderichs und später
Lambsdorff, beides Mitglieder der Freien Demokratischen
Partei (FDP), erfolgten entsprechende Genehmigungen.
Damit entgingen dem deutschen Staat Steuereinnahmen von
über neunhundert Millionen Deutsche Mark. Wie kam es
dazu?

Flick nutzte seinen großen Reichtum dazu aus, um Einfluss auf die Politik zu nehmen. Per Zufall kam Anfang der Achtzigerjahre die skandalöse Wahrheit heraus, dass er in der Zeit zwischen 1969 und 1980 fünfzehn Millionen Deutsche Mark an die Christlich Demokratischen Union Deutschlands (CDU) und die Christlich-Soziale Union in Bayern e. V. (CSU), über sechs Millionen Deutsche Mark an die Freie Demokratische Partei (FDP) und über vier Millionen Deutsche Mark an die Sozialdemokratische Partei Deutschlands (SPD) gezahlt hatte. In den Genuss dieser Zahlungen kamen unter anderem Strauß, Kohl, Lambsdorff, Friderichs, Walter Scheel und Hans Hermann Matthöfer. In dem folgenden Gerichtsverfahren vor dem Bonner Landgericht zeigte sich übrigens, dass die betroffenen Politiker über ein sehr schlechtes Gedächtnis und ein nur sehr eingeschränkt vorhandenes Unrechtsbewusstsein verfügten. Das war sehr bedenklich und gleichzeitig ziemlich verrückt. (290)

Dieses eingeschränkte Erinnerungsvermögen und kaum vorhandene schlechte Gewissen zeigte sich auch in der Affäre um Zahlungen des Waffenhändlers Karlheinz Schreiber an die Christlich Demokratischen Union Deutschlands (CDU). Um die Lieferung von Panzern an Saudi-Arabien durch die ThyssenKrupp AG zu ermöglichen, gab Schreiber über eine Million Deutsche Mark in bar an die CDU und deren Schwarzkassen weiter. Die Übergabe des Geldes erfolgte konspirativ auf einem Parkplatz. Zahlungen von Schreiber erfolgten nachweislich auch an Wolfgang Schäuble (CDU) und Ludwig-Holger Pfahls (CSU).

Verrückterweise kam ein Ermittler der Augsburger Staatsanwaltschaft, der dabei war, die illegalen Geldgeschenke von Schreiber aufzudecken, bei einem Verkehrsunfall ums Leben, und konnten im Endeffekt dadurch bei weitem nicht alle verbrecherischen Verstrickungen nachgewiesen werden.

In welcher Höhe insgesamt Zahlungen durch Schreiber sowie andere Lobbyisten und Unternehmen in den schwarzen

Kassen der CDU landeten, wird wohl nach dem Verschwinden von Akten und Computerdaten des deutschen Bundeskanzleramts am Ende der Regierungszeit von Kohl ein ewiges Rätsel bleiben. Es steht allerdings fest, dass an die Staatsbürgerliche Vereinigung 1954 e.V., einem Verein der der Parteienfinanzierung diente und durch Vertreter der deutschen Wirtschaft sowie der CDU gegründet wurde, zwischen 1979 und 1990 über zweihundert Millionen Deutsche Mark gezahlt wurden. (291) (292)

Geld erhielt Kohl auch noch nach seiner Kanzlerschaft, die 1998 endete. Innerhalb von vier Jahren wurden ihm für eine Beratertätigkeit für Leo Kirch, dem Besitzer des großen deutschen Medienkonzerns Kirch-Gruppe, über vier Millionen Deutsche Mark gezahlt. Ob das wohl damit zusammenhing, dass durch Kohl und seine Regierung ab 1982 viele Milliarden Deutsche Mark zur Etablierung des Privatfernsehens in Deutschland investiert worden waren? Das klingt vielleicht verrückt, ist aber durchaus möglich. (293) (294)

Die Verkabelung Deutschlands ließ sich ab 1982 nicht mehr aufhalten. Immer mehr private und werbefinanzierte Radio- und Fernsehsender sprossen aus dem Boden. Einen Bildungsauftrag sahen diese neuen Sender bei sich nicht. Sie wollten Geld verdienen. Dazu war ihnen keine Show, kein Film und keine Serie zu seicht. Das öffentlich-rechtliche Fernsehen und der öffentlich-rechtliche Rundfunk passten sich dem nach und nach an. Die Einschaltquote wurde zum bestimmenden Element. Die Zeitdauer der Nutzung des Fernsehens als Flucht aus der öden Realität nahm von 1980 bis heute auf fast das Doppelte zu. (295)

Das neue Fernsehen wollte nicht politisch aufklären und sachlich kritische Informationen verbreiten. Nein, es wollte unterhalten und dadurch ruhigstellen. War es nicht schon immer für manche Politiker und Unternehmer erstrebenswert, die Massen zu verdummen und dadurch leichter beherrschbar zu machen. Mittlerweile hatten sie das erreicht. Seit 1982 hatte sich eine Gleichschaltung vieler Medien vollzogen. Die

vier Konzerne Bertelsmann, Springer, Bauer und Burda
hielten durch ihre Zeitungen, Zeitschriften, Fernseh- und
Radiosender die Macht über die öffentliche Meinung in ihren
Händen und konnten die Massen fast nach Belieben steuern.
Widerspruch gegen die vorgegebenen Meinungen und den
Mainstream wurde zunehmend als Verschwörungstheorie
bezeichnet. Sehr beklemmend, nicht wahr? (296) (297)

1990

Kohl galt als Kanzler der Einheit. Dabei war es ein reiner
Zufall, dass gerade in seiner Amtszeit als Bundeskanzler der
Bundesrepublik Deutschland die Wiedervereinigung der
beiden deutschen Staaten erfolgte. Ohne die
vorausgegangene Ostpolitik Brandts, den aufgrund der
Reformpolitik Gorbatschows erfolgten Zerfalls der
kommunistischen Sowjetunion sowie den friedlichen und
revolutionären Widerstand der Menschen in der Deutschen
Demokratischen Republik (DDR), wäre es niemals zu diesem
aufrüttelnden Ereignis gekommen.

Das sah Kohl allerdings vollkommen anders. Er rühmte sich
später dafür, dass es vor allem ihm zu verdanken war, dass
die beiden deutschen Staaten wiedervereint worden waren.
Wie sah aber die wirkliche Rolle von Kohl bei der
Wiedervereinigung aus? (298)

Noch in seinem Zehn-Punkte-Programm zur Neuregelung der
deutsch-deutschen Beziehungen hatte er zumindest
ansatzweise einen auf gleicher Augenhöhe erfolgenden
Einheitsprozess gefordert. Davon blieb aber in der
Wirklichkeit nichts übrig. Die Bundesrepublik Deutschland
(BRD) schluckte dank Kohl die Deutsche Demokratische
Republik (DDR) förmlich mit Haut und Haaren. (299)

Mit Hilfe der überstürzten Wirtschafts-, Währungs- und
Sozialunion wurde die Deutsche Demokratische Republik

(DDR) von einen Tag auf den anderen Teil der
Bundesrepublik Deutschland (BRD) und ihrer
liberalkapitalistischen Wirtschafts- und Gesellschaftsordnung.
Die Deutsche Mark war nun Zahlungsmittel in der Deutschen
Demokratische Republik (DDR). Die Menschen in der DDR
konnten ab sofort einen Teil ihres Geldvermögens eins zu
eins in die Deutsche Mark umtauschen, die anderen Teile
zwei zu eins. Auch Löhne, Renten, Mieten etc. wurden eins zu
eins umgestellt. Es erfolgte ein Run auf die Banken in
Ostdeutschland, um endlich die begehrte Deutsche Mark in
Händen zu halten.

Neben der Währung wurde auch das Wirtschafts- und
Sozialsystem der Bundesrepublik Deutschland (BRD) einfach
ohne Einschränkung auf die Deutsche Demokratische
Republik (DDR) übertragen. Damit wurde der Alltag der
Bürger der DDR völlig auf den Kopf gestellt. Nichts war mehr
wie es war. Das kostenlose Gesundheitssystem der DDR mit
seinen Polikliniken und seiner Arzneimittelfreiheit, die
umfangreiche pädagogische Kinderbetreuung in Krippen und
Kindergärten, die nicht vorhandene Arbeitslosigkeit, die an
den allgemeinen Lebensstandard angepassten preiswerte
Mieten und die guten Bildungsmöglichkeiten für Jedermann,
unabhängig von regionaler oder sozialer Herkunft, Religion
oder Abstammung, hatten sich auf einmal ins Nichts
aufgelöst. (300) (301)

Durch die hastig übernommene liberalkapitalistische
Wirtschafts- und Gesellschaftsordnung, sahen sich die
Betriebe der DDR plötzlich der großen Konkurrenz aus
Westdeutschland ausgesetzt. Dies erwies sich als fatal. Die
Betriebe konnten sich ohne staatliche Unterstützung im
kapitalistischen Wettbewerb nicht durchsetzen, waren nicht
konkurrenzfähig genug. Die vielbeschworene Marktwirtschaft
sorgte dafür, dass sechzig Prozent der ostdeutschen Betriebe
Pleite gingen und vom Markt verschwanden. Schon in den
ersten Jahren nach der Wiedervereinigung wurden deshalb
mehr als zweieinhalb Millionen Menschen in Ostdeutschland
arbeitslos und das mit steigender Tendenz.

Großen Anteil an dem Niedergang der ostdeutschen
Wirtschaft hatte die Treuhandanstalt (THA), eine Anstalt des
öffentlichen Rechts, die die Aufgabe übertragen bekam, die
Volkseigenen Betriebe in die liberalkapitalistische
Wirtschaftsordnung zu überführen und zu privatisieren. Dabei
standen ihr die teuer eingekauften Wirtschaftsprüfer von
PricewaterhouseCoopers (PwC) und KPMG International
sowie die Unternehmensberater von McKinsey & Company
zur Seite.

Ergebnis davon war, dass über vierzigtausend ostdeutsche
Betriebe zusammen mit den sich in ihrem Besitz befindlichen
Grundstücken und Patenten billig an westliche Konkurrenten
verschleudert wurden und so ein Defizit von über
zweihundert Milliarden Deutsche Mark durch die
Treuhandanstalt (THA) erwirtschaftet wurde. Auch ansonsten
wurde die Wiedervereinigung zu einem hohen Kostenfaktor
im Staatshaushalt. Sie kostete dem Staat jährlich über
hundertfünfzig Milliarden Deutsche Mark. Die kompletten
Aufwendungen wurden auf fast vier Billionen Deutsche Mark
geschätzt. (302) (303)

Wer trug die Kosten für das Missmanagement der
Treuhandanstalt (THA) und die überstürzte
Wiedervereinigung der beiden deutschen Staaten? Zu großen
Teilen waren es, wie so oft, die sozialversicherungspflichtigen
Arbeitnehmer in Deutschland, die diese Kosten übernahmen.
Denn es wurden nicht nur die Mehrwertsteuer, die
Mineralölsteuer, die Versicherungssteuer, die Tabaksteuer
sowie die Erdgassteuer in Folge der Wiedervereinigung
teilweise mehrfach erhöht, sondern auch die Beiträge zur
Arbeitslosenversicherung. Aber auch die gesetzliche
Rentenversicherung trug dazu bei, die Wiedervereinigung zu
finanzieren. Ebenfalls dazu diente der Solidaritätszuschlag,
der zu diesem Zweck neu geschaffen wurde.

Das alles reichte jedoch bei weitem nicht aus. Deutschland
musste die Einheit größtenteils mit der Aufnahme von neuen

Schulden finanzieren. Daher stieg das Haushaltsdefizit bis 1993 auf das Fünffache des ursprünglichen Wertes an. (304)

Doch trotz dieser immensen Kosten, warteten die Menschen in Ostdeutschland vergebens auf die blühenden Landschaften, die ihnen von Kohl einst versprochen worden waren. Stattdessen mussten viele von ihnen dauerhaft die Gürtel enger schnallen. Ein Zeichen dafür war, dass die Entwicklung der Löhne und der Renten in Ostdeutschland die des westlichen Deutschland niemals erreicht hatte. Aber auch sonst fühlten sich die Menschen in Ostdeutschland oft abgewertet oder nicht anerkannt durch die Westdeutschen. Der wirtschaftliche und soziale Riss zwischen Ost- und Westdeutschland wurde niemals wirklich gekittet, sondern wuchs mit den Jahren eher noch an. Menschen aus Ostdeutschland waren in politischen Spitzenpositionen sowie in hohen Positionen in Verwaltung, Wissenschaft und Wirtschaft kaum jemals vertreten. (301) (305) (306)

Während der Wiedervereinigung wurde noch eine große Chance vertan. Statt Deutschland zu einem neutralen Staat zu machen, wie es der Generalsekretär der Kommunistischen Partei der Sowjetunion (KpdSU) Gorbatschow und der Ministerpräsident der DDR Hans Modrow gefordert hatten, setzten sich die amerikanische Regierung unter Präsident Bush und der Bundeskanzler der Bundesrepublik Deutschland Kohl durch und wurde Gesamtdeutschland zum NATO-Mitgliedsstaat. Der erste Schritt zur Osterweiterung der NATO war getan, die trotz aller gegebenen Versprechungen der westlichen Staaten, dies nicht zu tun, ab diesem Zeitpunkt ganz oben auf der Agenda der NATO stand. (307) (308)

1993

Obwohl seit der Wiedervereinigung die Gewinne der Unternehmen förmlich sprudelten, kam es 1993 erneut zu einer Wirtschaftskrise in Deutschland. Die Zahl der arbeitslosen Menschen war inzwischen auf fast dreieinhalb Millionen angestiegen und würde in den nächsten Jahren annähernd viereinhalb Millionen erreichen. Daneben wurde die Anzahl der Menschen, die auf Sozialhilfe angewiesen waren, ebenfalls immer höher. (309) (310)

Wie kam es dazu, das die Wirtschaft erneut so stark schwächelte? Wichtiger Grund dafür war, dass die Bundesbank, um die Inflation in den Griff zu bekommen, die Zinsen erhöht hatte. Dieser Hochzinspolitik wollten die anderen europäischen Länder allerdings nicht folgen. So kam es zu einer Abwertung der ausländischen Währungen im Vergleich zur Deutschen Mark. Da nun die deutschen Industrieprodukte und Dienstleistungen dem Ausland zu teuer wurden und die Nachfrage danach erheblich zurückging, führte das zu einem Rückgang der Exporte.

Ebenfalls bedingt durch die hohen Zinsen, investierten die deutschen Unternehmen weniger in Maschinen und Ausrüstungen. Die Nachfrage danach ging somit ebenso erheblich zurück. Um ihre Wettbewerbsfähigkeit wiederzuerlangen, sahen die Firmen nur noch die Möglichkeit, eine Vielzahl ihrer Arbeiter und Angestellten zu entlassen.

Das hatte unmittelbare Folgen auf die Binnennachfrage. Die Menschen hatten aufgrund diverser Steuererhöhungen schon längere Zeit weniger Geld in der Tasche und konnten sich angesichts der hohen Zinsen keine Kredite leisten. Zudem waren die Reallöhne gesunken. Jetzt kam noch die extrem steigende Arbeitslosigkeit dazu und tat ihr Übriges, um die Menschen negativ in ihrem Kaufverhalten zu beeinflussen.

Die Regierung unter Kohl hielt allerdings an ihrer neoliberalen Angebotspolitik fest und lehnte eine antizyklische Finanzpolitik nach Keynes ab. Die Rezession konnte sich somit erst im vollen Umfang entfalten. In Politikerkreisen wurde zunehmend über die Notwendigkeit der Senkung der Lohnkosten und Sozialabgaben gesprochen, aber die wirklichen Probleme wurden damit nicht hinterfragt. Bis zum

Ende der Amtszeit von Kohl stieg die Zahl der Arbeitslosen in bisher nie erreichte Höhen von über vier Millionen Menschen und bezogen fast drei Millionen Menschen Sozialhilfe. Die Schere zwischen Reich und Arm klaffte immer weiter auseinander und niemand der in Regierungsverantwortung stehenden Menschen schien daran Interesse zu haben, dies zu ändern. Verrückt, oder? (311) (312) (313)

1998

Große Hoffnungen wurden in die Regierungskoalition der Sozialdemokratischen Partei Deutschlands (SPD) mit dem Bündnis 90/Die Grünen gesetzt, die durch die Abwahl von Kohl 1998 an die Macht kam. Durch sie sollten die Fehler der Vergangenheit ausgebügelt und wieder ein sozialeres Deutschland geschaffen werden.

Tatsächlich nahm die neue Regierung anfänglich einige Entscheidungen der Vorgängerregierung zurück. So wurde auf Druck von Oskar Lafontaine (SPD), der zunächst Finanzminister der neuen Regierung war, die volle Lohnfortzahlung im Krankheitsfall erneut eingeführt, Lockerungen des Kündigungsschutzes zurückgenommen und das Schlechtwettergeld reaktiviert. Zudem wurde ein Sofortprogramm zum Abbau der Jugendarbeitslosigkeit beschlossen.

Als der neue Finanzminister allerdings versuchte, sich damit durchzusetzen, die internationalen Finanzmärkte einer stärkeren Kontrolle und Regulierung auszusetzen und eine antizyklische Finanzpolitik nach Keynes in Deutschland zu etablieren, traf er auf heftigen Widerstand großer Teile der Finanzindustrie und seines Bundeskanzlers Gerhard Fritz Kurt Schröder (SPD). (314)

Der neue Bundeskanzler der Bundesrepublik Deutschland Schröder hatte nämlich völlig andere Pläne als sein Finanzminister. In dem Konzept „Der Weg nach vorne für Europas Sozialdemokraten", das von Schröders Kanzleramtsminister Bodo Hombach, mitverfasst wurde, war deutlich zu sehen, wie die zukünftigen Ziele der neuen deutschen Regierung aussahen. Was unter der Kanzlerschaft von Kohl noch nicht hinlänglich geschafft wurde, trat nun in den Vordergrund politischen Handelns der SPD-geführten Regierung: Die vollkommene Hinwendung zur neoliberalen Ideologie. Diese Art menschenverachtender Politik wollte Lafontaine nicht mittragen und trat daher von sämtlichen seiner Ämter zurück, was Schröder durchaus gelegen kam. Denn nun konnte dieser alle seine politischen Ziele, ohne großen Widerstand in der SPD erwarten zu müssen, durchsetzen.

Die Regierung unter der Kanzlerschaft von Schröder stellte das sehr geschickt an. Mit einer Art Orwell'sche Neusprech wurden die geplanten Einschnitte in das soziale Netz als eine neue Form sozialer Gerechtigkeit bezeichnet. Die ehemalige Agenda der Sozialdemokratischen Partei Deutschlands (SPD) zur Verringerung der Unterschiede der Einkommens- und Vermögensverteilung bei den Menschen in Deutschland galt nicht mehr als zeitgemäß. Alles was Arbeit schuf, wurde nun auf einmal als sozial gerecht definiert. Egal wie schlecht bezahlt und prekär diese Arbeitsverhältnisse waren.

Weite Teile der Konzepte der neuen Regierung schienen direkt aus dem Lambsdorff-Papier der Achtzigerjahre entnommen zu sein und führten die neoliberale Politik der Kohl-Regierung unter verschärften Vorzeichen fort. Soziale Leistungen an die Menschen sollten nicht mehr bedingungslos gewährt, sondern mussten sich durch Gegenleistungen verdient werden. Selbstverantwortliches Handeln sollte die weitverbreitete Mentalität zur Rundumversorgung durch den Staat ablösen. (315) (316) (317)

Dabei gab es aber noch eine andere Seite. So beklagten sich die Unternehmerverbände in Deutschland und ihre Lobbyorganisationen schon längere Zeit über die angeblich zu hohe Steuerlast und den dramatischen Rückgang der Gewinne der deutschen Unternehmen. Das konnte die Regierung unter der Kanzlerschaft von Schröder natürlich nicht länger mit ansehen. Die Leistungsträger der Gesellschaft und hier insbesondere die selbständigen Unternehmer und Konzerne mussten besser gefördert und finanziell entlastet werden. Es wurde dabei davon ausgegangen, dass diese dann ihre höheren Profite im Inland investieren und damit neue Arbeitsplätze schaffen würden. Somit hätten diese umfangreichen Maßnahmen auch Vorteile für die ärmeren Teile der Bevölkerung.

Im Jahr 2000 wurden daher im Rahmen einer Steuerreform die Eingangs- und Spitzensteuersätze in der Einkommensteuer gesenkt. Der Spitzensteuersatz betrug danach nur noch zweiundvierzig Prozent und begünstigte besonders gutverdienende Menschen. Entlastet wurden aber vor allem die Unternehmen und Konzerne. So kam es durch die Senkung der Körperschaftssteuer, die Steuerbefreiung von Gewinnen aus der Veräußerung von Anteilen an Kapitalgesellschaften und die anderen beschlossenen Maßnahmen zu einer Entlastung der Unternehmen und Konzerne in Höhe von fast neun Milliarden Deutsche Mark. Schröder, der Genosse der Bosse, begann damit, sein wahres Gesicht zu zeigen.

Da nur eine bestimmte Menge an Reichtum und Geld vorhanden war, war es logisch, dass, um die Reichen immer reicher zu machen, die Armen immer ärmer werden mussten. Diese einfache Rechnung beherrschte die neue Regierung aus dem Effeff. Und das sahen die Unternehmer wohl ähnlich. Denn anders als vermutet, nutzten sie die Steuerentlastungen der Regierung nicht für Investitionen und Schaffung von neuen Arbeitsplätzen in Deutschland, sondern zur Maximierung ihres Profite. (318) (319) (320)

Die ärmeren Teile der Bevölkerung sahen sich sehr bald zur Gegenfinanzierung dieser Steuergeschenke für Unternehmer und Konzerne umfangreichen Maßnahmen des Sozialabbaus ausgesetzt. Diese Maßnahmen mit dem schicken und eingängigen Namen „Agenda 2010" zogen Kürzungen in den Bereichen Gesundheit, Rente, Arbeitslosengeld und Arbeitslosenhilfe nach sich.

Wie schon diverse Vorgängerregierung führte auch die Regierungskoalition der Sozialdemokratischen Partei Deutschlands (SPD) mit dem Bündnis 90/Die Grünen unter der Kanzlerschaft von Schröder sogenannte Reformen des Gesundheitswesens durch. Diese hatten alle den Effekt, dass die Bevölkerung erhebliche Mehrbelastungen tragen musste. Neben einer steten Erhöhung der Beiträge der gesetzlichen Krankenversicherungen auf über vierzehn Prozent, fand unter dieser Regierung der Ausstieg aus der paritätischen Finanzierung der Krankenversicherungsbeiträge durch Arbeitgeber und Arbeitnehmer statt.

Daneben wurden für die Menschen, die in einer gesetzlichen Krankenversicherung versichert waren, eine sogenannte Praxisgebühr von zehn EURO und erhöhte Zuzahlungen für Medikamente und Hilfsmittel fällig. Viele Leistungen wie das Sterbe- und Entbindungsgeld sowie der Zuschuss für Sehhilfen wurden komplett gestrichen.

Die Bestrebungen der Regierung gingen jedoch noch weiter. Durch die Einführung eines pauschalierendes Entgeltsystems zur Bezahlung der Krankenhäuser, also sogenannte Fallpauschalen, sollten erhebliche Kosten im Gesundheitswesen eingespart werden. Folgen davon waren allerdings, dass viele hundert Krankenhäuser pleite gingen und die Bettenzahl um mehrere Zehntausend zurückging. Eine flächendeckenden Versorgung durch Krankenhäuser war bald nicht mehr zu gewährleisten. Die Kommerzialisierung des Gesundheitswesens und damit auch der Krankenhäuser vollzog sich in immer rascherer Form. Darunter hatte wieder einmal die normale Bevölkerung zu leiden. Die Pflege und

Behandlung der Patienten wurde zu einem Kostenfaktor, der einer ständigen Optimierung und Kürzung unterworfen wurde. (321)

Ein weiterer großer Bereich, der den Reformen durch die Regierung aus der Sozialdemokratischen Partei Deutschlands (SPD) und den Bündnis 90/Die Grünen ausgesetzt war, war die gesetzliche Rente. Hier wurde ebenso wie im Gesundheitswesen ein großer Schritt hin zum Ausstieg aus der paritätischen Finanzierung gemacht. Die Menschen sollten zunehmend privat und eigenverantwortlich für ihr Alter vorsorgen. Im gleichen Maße wie die arbeitenden Menschen ab nun zusätzlich Geld für ihre Altersversorgung ausgeben mussten, wurden die Arbeitgeber entlastet. Zu diesem Zweck wurde die sogenannte Riester-Rente, eine privat finanzierte und staatlich geförderte Rente, geschaffen. Diese verhinderte aber nicht die drohende Altersarmut, sondern sorgte nur dafür, dass sich die Taschen der Banken und Versicherungskonzerne durch die entsprechenden Verträge im Laufe der Jahre mit vielen Milliarden EURO füllten. Für Menschen mit niedrigen oder mittleren Einkommen lohnten sich diese Verträge kaum, sie zahlten durch die hohen Gebühren und Verwaltungskosten der Banken und Versicherungskonzerne drauf.

Im gleichen Atemzug mit der Einführung der Riester-Rente wurde die Regelaltersgrenze schrittweise von fünfundsechzig auf siebenundsechzig Jahre erhöht und die Rentenhöhe von fast dreiundfünfzig Prozent auf dreiundvierzig Prozent gesenkt. Dem Sozialabbau war somit im großen Maße Tür und Tor geöffnet. (322)

So war es nicht verwunderlich, dass die Zahl der Rentner, die als arm galten, bis 2018 auf fast vier Millionen Menschen gestiegen war. Und das mit steigender Tendenz. (323) (324)

Der Namensgeber und federführender Urheber der Riester-Rente, Walter Riester, war allerdings nicht von Altersarmut bedroht. Er saß ab 2009 im Aufsichtsrat von Union Investment, einem der größten Anbieter von Riester-Renten

in Deutschland und war eng mit Finanzdienstleister AWD
verbunden, der ebenfalls Riester-Renten-Verträge anbot.
Ziemlich verrückt, oder? (325)

Die größte Umverteilung von Unten nach Oben stellten
allerdings die vier Gesetze für moderne Dienstleistungen am
Arbeitsmarkt dar. Diese auf Vorschläge der sogenannten
Hartz-Kommission beruhenden Gesetze stellten die
Arbeitsmarktpolitik in Deutschland völlig auf den Kopf,
führten zu einer umfangreichen Deregulierung des deutschen
Arbeitsmarktes und erheblichen Einschränkungen von
Arbeitnehmerrechten. Mit Hilfe dieser Reformen, die von
einer umfassenden Pressekampagne begleitet wurden, wurde
ein staatlich subventionierte Niedriglohnsektor aufgebaut und
immer mehr reguläre Vollzeitarbeitsplätze in prekäre
Arbeitsverhältnisse in Form von Leiharbeitsplätzen, Minijobs
und befristeten Teilzeitarbeitsplätzen umgewandelt. Viele
Arbeitnehmer wurden zudem in die Scheinselbständigkeit
gedrängt. Und Berufsanfänger mussten sich zukünftig mit
schlecht oder gar nicht bezahlten Praktikantenstellen
abfinden.

Diese Gesetze beinhalteten die Zusammenführung der
Arbeitslosenhilfe und Sozialhilfe zum Arbeitslosengeld II,
dessen Niveau sich unterhalb der bisherigen Leistungen der
Sozialhilfe befand, die Reduzierung der regelhaften
Bezugsdauer von Arbeitslosengeld I auf zwölf Monate, die
weitere Verschärfung der Zumutbarkeitskriterien für
Arbeitslose, die nun fast jede angebotene Arbeit annehmen
mussten, und die Aushöhlung des Kündigungsschutzes und
der Tarifautonomie.

Maßgeblich an der Verwirklichung der Gesetzgebung waren
die Bertelsmann Stiftung und die Unternehmensberatung
McKinsey & Company beteiligt. Mit deren Hilfe konnte endlich
ein weiterer großer Schritt weg vom Sozialstaat hin zu einer
neoliberalen und sich betriebswirtschaftlicher Logik
unterwerfenden Leistungsgesellschaft gemacht werden. Und
diese Maßnahmen hatten Erfolg. Die Reallöhne befanden sich

dauerhaft im Sinkflug und Deutschland verfügte schon sehr bald über den größten Niedriglohnsektor im westlichen Europa. (322)

Und hätte man nicht erwarten können, dass solche umfangreichen und einschneidenden Maßnahmen zur Zerstörung des Sozialstaates auf großen Widerstand in der Bevölkerung und bei den Gewerkschaften stoßen würden? Weit gefehlt, es fanden nur halbherzige Proteste statt, die niemals die Macht hatten, die Regierung aus der Sozialdemokratischen Partei Deutschlands (SPD) und den Bündnis 90/Die Grünen davon abzuhalten, diese Gesetze zu verabschieden. Die Bevölkerung war durch ausgeklügelte Propagandamaßnahmen der Regierung und der regierungsnahen Medien in einen schlafähnlichen und gelähmten Zustand versetzt worden, der kaum Protest zuließ. (326)

Ähnlich wenig kritischen Widerspruch fand ein Ereignis, das eine Zäsur in der Geschichte Nachkriegsdeutschlands darstellen sollte. Die Teilnahme an dem völkerrechtswidrigen Angriffskrieg gegen Serbien war für Deutschland der erste Kriegseinsatz nach Ende des zweiten Weltkriegs. Wie viele andere Kriege vor ihm, begann auch dieser Krieg mit einer Lüge. Mit Hilfe eines sogenannten Informationskrieges (englisch Information Warfare) wurde der tatsächliche Krieg vorbereitet, denn die Kriegstreiber wussten, dass große Teile der Bevölkerung in Deutschland die Teilnahme der Bundeswehr an einem Krieg ablehnen würden. Durch Falschinformationen und Propaganda sollte die Bevölkerung von Deutschland und den anderen NATO-Mitgliedsstaaten auf den Krieg gegen Jugoslawien eingeschworen werden.

Jugoslawien wurde als Schurkenstaat bezeichnet, demgegenüber keine Gnade gezeigt werden sollte. Der eigentliche Grund dafür war allerdings, dass Jugoslawien unter seinem Präsidenten Slobodan Milošević ein Verbündeter Russlands war und damit einer Ausweitung der NATO auf die Gebiete des ehemaligen Warschauer Paktes entgegenstand.

So wurde schon viele Jahre vor Beginn des Krieges die ethnischen und soziale Konflikte in Jugoslawien geschürt, um den Staat zu destabilisieren und damit die wirtschaftliche und militärische Macht der jugoslawischen Regierung zu brechen. Die Central Intelligence Agency (CIA) stand dabei den Unabhängigkeitsbestrebungen der einzelnen Volksgruppen mit finanzieller und militärischer Unterstützung zur Seite. Besonders gefördert durch die CIA wurde die Befreiungsarmee des Kosovo (UÇK).

Als nun 1999 in der Nähe des kosovarischen Dorfes Racak über vierzig Leichen aufgefunden wurden, war ein lauter Aufschrei des Entsetzens der Regierungen der NATO-Mitgliedsstaaten und im gleichen Atemzug deren Behauptung zu hören, dass es sich dabei um ein Massaker der jugoslawischen Streitkräfte an Kosovo-Albanern gehandelt habe, was aber bis heutigen Tag nicht sicher geklärt werden konnte.

Trotz dieser vorhandenen Unsicherheit wurde der Tod dieser Menschen zum Anlass genommen, einen völkerrechtswidrigen Angriffskrieg zu beginnen, der weit über zehntausend Menschenleben gekostet und einen Flüchtlingsstrom von über achthunderttausend Menschen zur Folge hatte.

Vor und während des Krieges wurde infam gelogen und betrogen. Besonders tat sich dabei der deutsche Bundesminister der Verteidigung, Rudolf Albert Scharping hervor. Von ihm stammte die Aussage, dass die jugoslawische Armee Konzentrationslager betrieb und dabei war, die Kosovo-Albaner systematisch auszurotten. Ebenso behauptete er, dass es einen Plan der jugoslawischen Regierung zur Vertreibung sämtlicher Kosovo-Albaner aus dem Kosovo gab, den sogenannten „Hufeisen-Plan". Die jugoslawische Armee sollte dabei sogar vor der Ermordung schwangere Frauen nicht zurückgeschreckt und deren Föten nach der Entfernung aus dem Bauch gegrillt haben.

Wie der deutsche Brigadegeneral Heinz Loquai während einer Fernsehsendung richtigstellte, waren das alles Lügen. Der

General wurde daraufhin von Scharping von allen seinem Ämtern entbunden.

Auch der Außenminister und Vizekanzler der Bundesrepublik Deutschland Joschka Fischer redete davon, dass durch den Kriegseinsatz der Bundeswehr in Jugoslawien ein Völkermord ähnlich dem im Konzentrationslager Auschwitz verhindert werden sollte. Es somit ein gerechter und der Verteidigung der Menschenrechte dienender Krieg sei, was an sich schon einen umfassenden Widerspruch darstellte. Es wurden Dörfer, Städte und ganze Landstriche einem Bombenhagel ausgesetzt, um Menschenleben zu retten, und ein völkerrechtswidriger Angriffskrieg geführt, um den Frieden zu sichern. Der Vergleich Fischers wurde zum Teil aufs Heftigste kritisiert, half aber dabei, die Partei Bündnis 90/Die Grünen und die Bevölkerung Deutschlands davon abzuhalten, gegen diese Kriegstreiberei Widerstand zu leisten.

Bei der Durchsetzung des Kriegskurses spielten die Medien eine fast ebenso große Rolle wie die Politiker und ihre Lügen. So folgten die etablierten Leitmedien den Vorgaben der Politiker und übernahmen ungefiltert den Sprachgebrauch offizieller Verlautbarungen. Dabei wurde es tunlichst vermieden, den Konflikt so zu benennen, was er wirklich war. Nämlich ein völkerrechtswidriger Angriffskrieg. Die Medien gingen aber noch weiter. Sie ignorierten die vorhandenen oppositionellen Kräfte in der Bevölkerung und ihre kritische Auseinandersetzung und Protestaktionen gegen den Krieg. Waren somit wichtiger Teil der umfangreichen Kriegspropaganda. Was nicht sein durfte, konnte einfach nicht sein.

Dazu passte es auch, dass Ereignisse, die den Schrecken des Krieges veranschaulichten, kleingeredet wurden. So hatten NATO-Bomber einen Flüchtlingstreck angegriffen und dabei über siebzig Menschen, vorwiegend Frauen und Kinder, getötet. Das wurde zunächst als Falschmeldung dargestellt und danach kaum noch davon berichtet. Eben sowenig wie von den Bombardierungen von nicht militärischen Zielen wie

Fabriken, Brücken, Kraftwerken, Rundfunk- und
Fernsehanstalten und der chinesische Botschaft. Auch solche
Berichte tauchten kaum in den Medien auf.

Die Regierung aus der Sozialdemokratischen Partei
Deutschlands (SPD) und den Bündnis 90/Die Grünen hatte
durch Teilnahme an diesem menschenverachtenden und
völkerrechtswidrigen Krieg einem Damm gebrochen, der
niemals mehr gekittet wurde. Deutschland führte wieder
Angriffskriege, auch wenn sie im Orwell'sche Neusprech
anders benannt wurden. (327) (328)

Noch eine wichtige Neuerung in dieser Zeit stellte die
umfassende Deregulierung der Finanzmärkte dar, die die rot-
grüne Regierung auf den Weg brachte. Das begann 2002 mit
der Verabschiedung des Gesetzes zur weiteren
Fortentwicklung des Finanzplatzes Deutschland (Viertes
Finanzmarktförderungsgesetz), das erhebliche Lockerungen
der Vorgaben für den Börsenhandel vorsah, die Möglichkeit
des Handels mit Derivaten (also Wetten, ob ein Wert
entweder steigt oder fällt) auf dem Immobilienmarkt schuf,
die Anlagemöglichkeiten für Fonds (also Finanzunternehmen,
die das Geld anderer Menschen investieren, um in deren
Auftrag Gewinne zu erzielen) ausweitete und die Gewinne aus
dem Verkauf von Anteilen an Kapitalgesellschaften von der
Besteuerung befreite.

Es ging aber noch weiter. In 2003 wurde das Gesetz zur
Modernisierung des Investmentwesens und zur Besteuerung
von Investmentvermögen
(Investmentmodernisierungsgesetz) verabschiedet. Dieses
Gesetz, das mit Hilfe des Bundesverband Investment und
Asset Management (BVI) und der Deutsche Börse AG
erarbeitet wurde, führte dazu, dass hoch-spekulative
Hedgefonds in Deutschland ihre Arbeit aufnehmen und immer
machtvoller werden konnten.

Damit war eine weitere Möglichkeit geschaffen worden, die
Reichen immer reicher und die Armen immer ärmer zu
machen. Denn Hedgefonds hatten nur ein Ziel: Möglichst

hohe Gewinne in möglichst kurzer Zeit zu machen. Egal, was mit den Firmen passierte, in die sie investierten, und mit den Leuten geschah, die für diese Firmen arbeiteten. (322) (329)

2005

Die Sozialdemokratischen Partei Deutschlands (SPD) verlor dank der Enttäuschung der Bevölkerung über ihre menschenverachtende neoliberale Politik in der vorgezogenen Bundestagswahl von 2005 über vier Prozent der Wählerstimmen. Ergänzend dazu nahm seit 1998 die Zahl der Nichtwähler aufgrund der besagten Regierungspolitik um fast fünf Prozent auf zweiundzwanzig Prozent zu.

Doch statt nach der Bundestagswahl eine Koalition aus der Sozialdemokratischen Partei Deutschlands (SPD), Bündnis 90/Die Grünen und der Linkspartei.Partei des Demokratischen Sozialismus (Die Linke.PDS) zu bilden und die schlimmsten Fehler wieder rückgängig zu machen, was rechnerisch möglich gewesen wäre, verfolgte die SPD weiterhin ihren neoliberalen Kurs und bildete eine Koalition mit der Christlich Demokratischen Union Deutschlands (CDU). (330)

Nutznießerin davon war Angela Dorothea Merkel, die damit 2005 zur ersten weiblichen Bundeskanzlerin der Bundesrepublik Deutschland gewählt wurde. Wie zu befürchten war, machte es allerdings keinen Unterschied, ob eine Frau oder ein Mann an der Spitze der Regierung stand. Denn wie schon durch die Regierungszeit von Thatcher in England bewiesen worden war, verlor die herrschende neoliberale Agenda dadurch kein bisschen an Kraft, sondern wurde eher noch gefördert.

Für Merkel stand das Wachstum und die Wettbewerbsfähigkeit der deutschen Wirtschaft stets im Vordergrund ihres politischen Handelns. Beide Ziele waren gleichbedeutend mit dem weiteren Abbau des Sozialstaats. Ebenso wie das Ziel, einen möglichst ausgeglichenen Haushalt zu erreichen. (331)

So wurde mit Hilfe des Haushaltsbegleitgesetzes, das übrigens fast unbemerkt von der fußballbegeisterten deutschen Bevölkerung während der Fußball-Weltmeisterschaft 2006 verabschiedet wurde, die Umsatzsteuer und die Versicherungsteuer jeweils um drei Prozent auf neunzehn Prozent erhöht, was zu erheblichen finanziellen Mehrbelastungen bei Menschen mit mittleren und niedrigen Einkommen führte. Im gleichen Atemzug wurden die Beiträge zur Arbeitslosenversicherung um zwei Prozent gesenkt, um die Belastung der Arbeitgeber durch die sogenannten Lohnnebenkosten zu reduzieren. (332) (333)

Wie schon die Vorgängerregierung führte auch die große Koalition aus CDU/CSU und SPD zur Kosteneinsparung eine Reform der gesetzlichen Krankenversicherung durch. Und auch dieses Mal hatte diese Gesundheitsreform erhebliche Nachteile für den Normalbürger. Neben einer Erhöhung der Beiträge zur gesetzlichen Krankenversicherung um einen halben Prozentpunkt und der Schaffung eines einheitlichen Beitragsatz für alle Versicherungen, wurde ein sogenannter Gesundheitsfonds geschaffen, der den ersten Schritt zur Einführung einer Kopfpauschale für Patienten darstellte.

Finanziert wurde dieser Gesundheitsfonds gemeinsam aus den Versicherungsbeiträgen und aus Steuermitteln. Wenn der gesetzlichen Krankenversicherung allerdings die aus dem Gesundheitsfonds zur Verfügung gestellte Mittel nicht ausreichten, konnte sie einen Zusatzbeitrag erheben, der allein vom Versicherten bezahlt werden musste. Dieser Zusatzbeitrag wurde bald von annähernd jeder gesetzlichen Krankenversicherung von ihren Versicherten verlangt. (334)

Die Rentner musste ebenfalls dazu beitragen, den Staatshaushalt zu sanieren. So gab es ab 2005 viele Jahre in denen keine Rentenerhöhungen oder sogar versteckte Rentenkürzungen erfolgten. Weitere Kürzungen stellten die

Abschaffung der Pendlerpauschale, die Begrenzung der Zahlung des Kindergeldes bis zum fünfundzwanzigsten Lebensjahr, die Senkung des Sparer-Freibetrags und die Abschaffung der Bergmannsprämie dar. (335) (336)

Bei den Zuschüssen für Unternehmen wollte die große Koalition jedoch nicht sparen. So war es kein Wunder, dass sie eine Unternehmenssteuerreform auf den Weg brachte, die eine Verringerung der Körperschaftssteuer von fünfundzwanzig Prozent auf fünfzehn Prozent zur Folge hatte. Damit wurden die Unternehmen um jährlich fünf Milliarden EURO entlastet, was mit einem Wegfall von Steuereinnahmen des Staates in gleicher Höhe belohnt wurde. (337)

2007

Bedingt durch die umfassenden Maßnahmen zur Deregulierung der Finanzmärkte und der Befreiung der Finanzindustrie von sämtlichen einschränkenden gesetzlichen Regeln durch die herrschenden neoliberalen Regierungen in Deutschland und der übrigen Welt, kam es 2007 und 2008, ausgehend von der Immobilienkrise in Amerika, zu einer Weltfinanzkrise, die beinahe die gesamte liberalkapitalistische Wirtschaftsordnung zum Einsturz gebracht hätte. (338)

Allerdings nur beinahe, denn die Politiker hatten kein Interesse daran, dass an den vorhandenen Machtstrukturen in der Finanzindustrie und der Wirtschaft etwas geändert wurde. So musste auch in Deutschland der Steuerzahler herhalten, um angeblich systemrelevante Banken vor der drohende Pleite zu retten und die schwächelnden Wirtschaft mit diversen Maßnahmen zu unterstützen. Insgesamt beliefen sich die Kosten dafür auf fast hundertneunzig Milliarden EURO. (339)

Wie mussten sich dabei die Menschen gefühlt haben, von denen die Politiker schon seit vielen Jahren ständig forderten, dass sie ihre Gürtel immer enger schnallen sollten? Wie erging es dem Rentner, der schon lange keine Rentenerhöhung mehr erhalten hatte, dem Arbeitslosen, dem sein Arbeitslosengeld II kaum zum Leben reichte und der in der Vergangenheit immer wieder als Sozialschmarotzer bezeichnet worden war, und der alleinerziehenden Mutter, die mehrere Jobs annehmen musste, um ihre Familie zu ernähren?

Fest stand, dass die Schere zwischen Arm und Reich durch die Krise weiter auseinanderging und die Bundesregierung keine einzige Maßnahme dagegen ergriffen hatte. Die Armutsquote stieg immer schneller an und auch die Arbeitslosigkeit erreichte in 2009 mit über viereinhalb Millionen tatsächlichen Arbeitslosen einen neuen Höchststand. (309) (340)

Dazu passte auch, dass nach der Weltfinanzkrise zur Beruhigung des Wahlvolkes Stimmen in der herrschenden Politik laut wurden, die Finanzindustrie in ihrer Macht einschränken und einer strengeren Regulierung aussetzen zu wollen, was sicherlich sinnvoll gewesen wäre, um eine erneute Krise solchen Ausmaßes zu verhindern. Diese Forderungen erwiesen sich allerdings als Täuschungsversuche und Ablenkungsmanöver. Es wurde weder ein Trennbankensystem (Trennung von Geschäftsbanken und Investmentbanken) eingeführt noch andere vernünftige Einschränkungen der Aktivitäten von Banken wie das Verbot des Eigenhandels durchgesetzt. Bis auf ein paar harmlose Verlautbarungen und einige wenige oberflächliche Schönheitskorrekturen, blieb alles, wie es gewesen war.

Halt, das stimmt nicht ganz. Der Bundestag verabschiedete im Dezember 2014 aufgrund der Krise ein Gesetz zur Sanierung und Abwicklung von Kreditinstituten (SAG) sowie diverse Begleitgesetze, die Anfang 2015 in Kraft traten. Und diese Gesetze hatten es in sich. Dort wurde festgelegt, dass im Falle einer erneuten Weltfinanzkrise nicht mehr der Staat für die Rettung von systemrelevanten Banken zuständig war, sondern deren Kunden. Sobald ein Kunde bei der betreffenden Bank über Einlagen von mehr als hunderttausend EURO verfügte, konnte er enteignet und seine Einlagen zur Rettung der Bank verwendet werden. Das klingt ziemlich verrückt, oder? (341)

Aber zurück zur ursprünglichen Bankenrettung. Diese und die verabschiedeten Konjunkturpakete führten dazu, dass die Verschuldung des deutsches Staates um über zweihundert Milliarden EURO stieg. Das war also von einer sparsamen Haushaltsführung der großen Koalition übrig geblieben. (342)

Als Dank dafür wurde Merkel mit ihrer Wiederwahl belohnt und konnte ab 2009 mit der Freien Demokratischen Partei (FDP) weiterregieren.

Wie nicht anders zu erwarten war, führte die Koalition aus CDU/CSU und FDP den bisherigen neoliberalen Kurs in verschärfter Form weiter fort. So kam es kam 2009 zur Verabschiedung des Gesetzes zur Beschleunigung des Wirtschaftswachstums (Wachstumsbeschleunigungsgesetz), was die Senkung der Umsatzsteuer für Hotels um zwölf Prozent auf sieben Prozent, die Abwandlung der Erbschaftsteuer zugunsten von Erben von Unternehmen und die Ausweitung der Möglichkeiten für Unternehmen zur steuerlichen Geltendmachung von Verlusten beinhaltete. Die ebenfalls beschlossene Erhöhung des Kindergeldes und der Kinderfreibeträge kamen nur besserverdienenden Eltern zugute, da das Kindergeld mit dem Arbeitslosengeld II verrechnet wurde. (343)

Im Jahr 2011 folgte dann das Haushaltsbegleitgesetz 2011, das umfassende Einsparungen bei Sozialleistungen vorsah. Diese sollten der Konsolidierung des Bundeshaushaltes nach der schweren Finanzkrise dienen und etwa achtzig Milliarden EURO an Einsparungen bringen. Wichtige Bereiche davon waren die Einstellung der Zahlung von Erziehungsgeld an Empfänger von Arbeitslosengeld II und die Abschaffung von deren Rentenversicherungspflicht. Damit waren diese Menschen zukünftig einer deutlich größeren Gefahr, von Altersarmut betroffen zu sein, ausgesetzt. Zudem wurden die Zuschüsse zur Deckung der Heizkosten für Wohngeldempfänger und die Beiträge zur gesetzlichen Krankenversicherung für Empfänger von Arbeitslosengeld II komplett gestrichen. (336)

Auf die Idee zu kommen, die Nutznießer der Bankenrettungen, nämlich die Finanzindustrie selbst, und die sehr vermögenden Menschen in Deutschland, die auch durch Finanzspekulationen immer reicher geworden waren, an den Kosten der Weltfinanzkrise zu beteiligen, konnte von der herrschenden Regierung aus CDU/CSU und FDP wohl nicht erwartet werden, oder?

Zur Begründung der weitreichenden Kürzungen im Sozialbereich wurde auch die Einführung die verfassungsrechtliche Regelung einer Schuldenbremse für den deutschen Staat herangezogen, die Anfang 2009 beschlossen und in den Artikeln 109 und 115 des Grundgesetzes aufgenommen wurde. Eines der Hauptziele des staatlichen Handelns wurde somit ein ausgeglichener Haushalt, der ohne große Kreditaufnahme auskommen sollte. Diese Schuldenbremse übernahmen auch ein Großteil der Bundesländer durch Aufnahme in ihre Landesverfassungen. Die neoliberale Finanz- und Wirtschaftspolitik fand damit ihren Eingang in das Grundgesetz der Bundesrepublik Deutschland und verhinderte eine zukünftige antizyklische Finanzpolitik nach Keynes, die Deutschland und Amerika in der Vergangenheit schon mehrfach einen sozialverträglichen Weg aus einer Rezession gewiesen hatte.

Mit der Aufnahme der Schuldenbremse in das Grundgesetz wurde der deutsche Staat zu einer restriktiven Ausgabenpolitik gezwungen, die kaum noch eine ausreichende Sozialpolitik zuließ und der Umverteilung von Unten nach Oben weiteren Vorschub verlieh. (344) (345)

Merkels Interessen und die der durch sie geleiteten deutschen Bundesregierung gingen aber noch weiter. Auf ihr Wirken hin, mussten im Rahmen des europäischen Fiskalpakts vierundzwanzig weitere europäische Staaten eine Schuldenbremse in ihrem nationalen Recht verankern und das möglichst durch die Aufnahme in der jeweiligen Verfassung.

Was das eventuell irgendwann an Auswirkungen zeitigen würde, konnte man am Beispiel Griechenlands schon vorab gut erkennen.

Die griechischen Banken waren wie alle anderen europäischen Banken stark von der Weltfinanzkrise betroffen gewesen. So entschied sich die griechische Regierung unter Konstantinos Karamanlis ein umfangreiches Bankenrettungsprogramms aufzulegen. Das führte, ähnlich wie in Deutschland, zu einer erheblich höheren Staatsverschuldung des griechischen Staates. Da die Wirtschaft des Landes ebenfalls unter der Weltfinanzkrise litt, ging die Wirtschaftsleistung Griechenlands 2009 um über vier Prozent zurück und sollte auf längere Sicht so schlecht bleiben. Diese beiden Tatsachen führten dazu, dass Ratingagenturen die Kreditwürdigkeit des Landes herabstuften und es zu exorbitanten Zinsforderungen der Gläubigerbanken kam, die von der griechischen Regierung nicht zu stemmen waren.

Hilfesuchend wandte sich die neu gewählte griechische Regierung unter Georgios A. Papandreou an die Europäische Union und bat um finanzielle Unterstützung. Die sogenannte Troika aus Europäischer Zentralbank (EZB), Internationalem Währungsfonds (IWF) und Europäischer Kommission gewährte Griechenland daraufhin einen ersten Kredit in Höhe von hundertzehn Milliarden EURO, der später auf zweihundertvierzig Milliarden EURO aufgestockt wurde. Dies aber nur unter strengen Auflagen, die umfassende Austeritätsprogramme für die griechische Bevölkerung vorsahen. Diese führten zur Privatisierungen großer Teile der

staatlichen Vermögenswerte, weitreichende Deregulierungen
im Handel und bei Dienstleistungen, umfangreiche
Maßnahmen zur Flexibilisierung des Arbeitsmarktes und einen
nie gekannten Sozialabbau. (346)

Und die zahlreichen neoliberalen Reformprogramme, die
Griechenland ab nun durch die Troika aufgezwungen wurden,
hatten es wirklich in sich. Durch die ausgedehnte
Deregulierung des Arbeitsmarktes sanken die Löhne in
Griechenland um fast vierzig Prozent. Eine Million Menschen
wurden in direkter Folge der Austeritätsprogramme
arbeitslos. Die Arbeitslosenquote stieg bis 2013 auf über
siebenundzwanzig Prozent.

Die umfangreichen Einsparungen bei Staatsausgaben führten
zur Kürzung staatlicher Renten um annähernd fünfzig
Prozent. Folge dieser Rentenkürzungen war, dass jeder dritte
griechische Rentner mit weniger als fünfhundert EURO im
Monat auskommen musste. Die Armutsquote hatte sich dabei
um fast hundert Prozent erhöht. Die Kindersterblichkeit war
um über vierzig Prozent gewachsen, die Selbstmordrate um
über sechzig Prozent. Fast ein Drittel der griechischen
Bevölkerung konnte sich ihre Krankenversicherung nicht mehr
leisten. Das Gesundheitssystem befand durch Kürzungen der
Staatsausgaben in einem immer schneller werdenden Prozess
der Auflösung. Obdachlosigkeit und Hunger waren Teil des
Alltags in Griechenland geworden.

Und als diese Sparprogramme zum Rückgang der privaten
und öffentlichen Nachfrage führten und damit zu einer immer
ausufernden Rezession, hatte das zur Folge, dass noch mehr
Menschen entlassen wurden und die Steuereinnahmen des
griechischen Staates noch mehr zurückgingen. Das wurde
dann mit noch stärkeren Erhöhungen der Steuern,
einschneidenderen Lohnsenkungen und umfassenderen
Kürzungen im Sozialbereich beantwortet. Der Kreislauf des
immerwährenden Schreckens des Neoliberalismus war in
Gang gesetzt worden.

Entgegen den Erwartungen der Troika verschärfte sich die Schuldensituation Griechenlands durch die neoliberalen Reformprogramme nochmals erheblich. So stiegen die Schulden Griechenlands von 2008 bis 2018 von zweihundertsechzig auf über dreihundertvierzig Milliarden EURO. Und wohin floss eigentlich das Geld aus den Krediten, die Griechenland von der Troika gewährt wurden? Über siebzig Prozent davon landeten direkt oder indirekt wieder in den Kassen der Finanzindustrie, die sich über satte Gewinne freute. Deutschland hatte mit der finanziellen Notlage Griechenland ebenso fast drei Milliarden EURO verdient. Die Griechen selbst bekamen kaum etwas davon ab. Mussten dafür aber erhebliche Einkommensverluste und soziale Einschränkungen in Kauf nehmen.

Die Austeritätsprogramme der Troika aus Europäischer Zentralbank (EZB), Internationalem Währungsfonds (IWF) und Europäischer Kommission hatten die Verelendung breiter Bevölkerungsschichten in Griechenland zur Folge und ließen Griechenland zum Armenhaus von Europa werden. Aber auch hier profitierte eine mächtige Minderheit und sicherte sich ihre finanziellen Privilegien. (347) (348)

Die deutsche Regierung unter Merkel hatte großen Anteil daran, dass das Spardiktat mit seinen neoliberalen Reformen in Griechenland bis zum bitteren Ende durchgeführt wurde und in einem sozioökonomischen Zusammenbruch Griechenlands endete. Bis heute hat sich Griechenland nicht davon erholen können. (349)

Wäre es sehr verrückt, zu glauben, in diesem Vorgehen eine Blaupause für andere europäische Länder zu sehen?

2015

1999 hatte mit der Teilnahme der Bundeswehr an dem menschenverachtenden und völkerrechtswidrigen Krieg in Jugoslawien eine neue kriegerische Phase in der Geschichte Deutschlands begonnen. Die Liste der Kriege, an der Deutschland ab diesem Zeitpunkt teilnahm, wurde mit der Zeit immer länger und die Rechtfertigung der Beteiligung an den Kriegen für die herrschenden deutschen Regierungen immer unproblematischer. (328)

Ab 2001 begann der Militäreinsatz der Bundeswehr unter Führung der NATO in Afghanistan. Er forderte die Leben von insgesamt vierundfünfzig deutsche Soldaten. Zwei Jahre später war Deutschland als logistisches Zentrum an dem Krieg gegen den Irak beteiligt und unterstützte die angreifenden Amerikaner und Engländer mit verschiedenen begleitenden Maßnahmen. 2011 wiederum kamen über hundert deutsche Soldaten im Krieg der NATO gegen Syrien zum Einsatz. Der Artikel 26 Absatz 1 des Grundgesetzes zur Abwehr der Führung eines Angriffskrieges wurde somit von den herrschenden deutschen Regierungen eigentlich nur noch rudimentär beachtet. (350) (351) (352)

Denn anstatt weltweit deeskalierend auf Konflikte und Kriege einzuwirken und sich gegen menschenverachtende Sanktionen auszusprechen, zeigte Deutschland stets Vasallentreue und war durch seine Aktivitäten im Rahmen des NATO-Bündnisses zunehmend aktiv darin verwickelt, Kriege zu führen und damit Fluchtursachen für die Menschen in den betroffenen Ländern zu schaffen. Wen verwundert es da, dass es 2015 zu der sogenannten Flüchtlingskrise kam. Plötzlich standen Millionen von Kriegsflüchtlingen vor den Grenzen Deutschlands und verlangten Einlass. Und Merkel ließ sie nach Deutschland einreisen. Dabei sollte man ihr aber nicht unbedingt unterstellen, dass dafür humanitäre Gründe den Ausschlag gaben. Vielmehr schienen dafür andere Ursachen vorzuliegen. (353)

Ihre Sorge galt vermutlich eher den Unternehmen in Deutschland und ihrer Wettbewerbsfähigkeit als den Flüchtlingen. Für die Unternehmen bot sich durch die Flüchtlinge endlich wieder einmal die Gelegenheit auf billige Arbeitskräfte in großer Zahl zuzugreifen, was zur erheblichen Senkung der Lohnkosten beitragen konnte. Außerdem wären geschlossene Grenzen Gift für die deutsche Wirtschaft gewesen. Deutschlands Unternehmen waren stets auf einen reibungslosen Außenhandel angewiesen, um genügend Gewinne machen zu können. (354)

Allerdings wäre eine erneute Flüchtlingswelle auch für Merkel zu viel des Guten gewesen. Also mussten, ehe doch noch Grenzschließungen notwendig wurden, andere Maßnahmen ergriffen werden, um zu verhindern, dass noch mehr Flüchtlinge ihren Weg nach Deutschland fanden. So kam der Plan von Merkel zustande, die Flüchtlinge mit Hilfe der Türkei und dessen Präsidenten Recep Tayyip Erdoğan daran zu hindern, überhaupt nach Westeuropa einzureisen. Dieser Aktionsplan zur Begrenzung der Zuwanderung über die Türkei kostete der Europäischen Union zwar sechs Milliarden EURO, war aber den herrschenden Politikern jeden einzelnen CENT wert. Und das obwohl in der Türkei die Inhaftierung von politischen Gefangene und deren Folterung an der Tagesordnung war. Genauso wie Luft- und Bodenangriffe türkischer Streitkräfte auf kurdische Städte in Syrien inzwischen zum Alltag gehörten. (355)

Bei den Angriffen der türkischen Streitkräfte auf Gebiete in Syrien verdiente übrigens die deutsche Wirtschaft sehr gut mit. Zwischen 2001 und 2018 wurden durch die Deutsche Bundesregierung unter Merkel Rüstungsexporte in die Türkei im Wert von über zwei Milliarden EURO genehmigt. Die Türkei war damit seit ein paar Jahren der beste Kunde der deutschen Rüstungsindustrie und kam in den Genuss von mehr als dreißig Prozent der gesamten deutschen

Kriegswaffenexporte. Die größten Exporteure von
Kriegswaffen in Deutschland waren übrigens die Airbus
Group, Rheinmetall, Diehl Defence, Krauss-Maffei Wegmann,
Heckler & Koch und ThyssenKrupp Marine Systems, die sich
teilweise schon als Waffenlieferanten der Deutschen
Wehrmacht im zweiten Weltkrieg einen Namen gemacht
hatten. (356)

2020

Vier Millionen Flüchtlinge aus Syrien, Afghanistan, dem Irak
und anderen Ländern, die von den menschenverachtenden
und völkerrechtswidrigen Kriegen der NATO betroffen waren,
hatten gegen gute Bezahlung und diverse Zugeständnisse
Aufnahme in der Türkei gefunden. Das reichte dem
türkischen Präsidenten Erdoğan aber scheinbar nicht mehr
aus, denn er begann Ende Februar 2020 damit, die Grenzen
zur Europäischen Union (EU) nicht länger geschlossen zu
halten, sondern die Flüchtlinge sogar dazu zu ermutigen,
nach Griechenland auszureisen.

Dieses Handeln stieß auf keine große Gegenliebe bei den
Mitgliedstaaten der Europäischen Union. Besonders
Griechenland, das die Flüchtlinge als direktes Nachbarland
der Türkei zu mehreren Zehntausenden auf sich einstürmen
sah, zeigte deutlich seinen Unmut und hielt die Flüchtlinge
mit Hilfe des brutalen Einsatzes von Tränengas sowie
Blendgranaten durch bereitstehende Sondereinheiten der
Polizei davon ab, die Grenze zu überschreiten. (357) (358)

Wie schon oft in der Vergangenheit wurden Menschen im
Machtspiel zwischen gewissenlosen Machthabern zerrieben
und grausamen Maßnahmen ausgesetzt. Diese Menschen
waren nicht zum Spaß aus ihren Heimatländern geflüchtet.
Dies war geschehen, weil westliche Länder den Krieg und den
Hunger in ihre Heimat getragen hatten. Bestand nicht schon

allein deswegen die menschliche Verpflichtung, die Flüchtlinge nach der Genfer Flüchtlingskonvention (GFK) in der Europäischen Union aufzunehmen?

Die eventuell zweite anstehende Flüchtlingskrise verschwand allerdings abrupt aus den Leitmedien und damit aus dem öffentlichen Bewusstsein, als die Angst vor einer augenscheinlich noch viel größeren Gefahr in die Seelen der Menschen geimpft wurde. Wie aus dem Nichts erschien der Coronavirus, ein grippeähnlicher Erkältungsvirus, der eine schwere und mitunter tödlich verlaufende Atemwegserkrankung auslösen konnte, auf der Bildfläche und sehr bald auch in den Köpfen der Menschen. Vieles wurde dadurch scheinbar unwichtig. (359)

Neben der drohenden zweiten Flüchtlingskrise waren die Menschen durch den Coronavirus nun auch von etwas anderem abgelenkt, was den Wohlstand und das Wohlergehen vieler Menschen auf der Welt zu bedrohen begann. Die Rettung der Finanzindustrie während der Weltfinanzkrise in 2007 und 2008 hatte die Staaten viel Geld gekostet und zu einer umfangreichen Staatsverschuldung geführt. Eine Rücknahme der umfangreichen Deregulierungsmaßnahmen, von denen die Finanzindustrie viele Jahre lang profitiert hatte und die der Auslöser der Weltfinanzkrise waren, wurde niemals vorgenommen, obwohl das mehrmals durch die herrschenden Regierungen versprochen worden war. Ganz im Gegenteil. Die Finanzindustrie konnte weiterhin schalten und walten, wie sie wollte. Dazu bekam sie von den Zentralbanken zudem billiges Geld zur Verfügung gestellt.

Die Folge davon war ein nie dagewesener Boom an den Aktienmärkten. Dieser Boom führte dazu, dass die Blasen an den Finanzmärkten sich immer weiter ausdehnten und von den Entwicklungen der realen Wirtschaft völlig entkoppelten. Geld war in immer größeren Mengen vorhanden und immer billiger zu bekommen. Der Leitzins der Europäischen Zentralbank (EZB) lag seit 2016 bei null Prozent. Amerikas

„Federal Reserve System" nahm ebenfalls ständig Zinssenkungen vor. Für Investoren lohnte es sich also nicht mehr in der realen Wirtschaft zu investieren. Gewinnbringende Renditen boten nur noch die Spekulationen auf den Finanzmärkten. (360)

So war es nicht verwunderlich, dass sich 2019 eine weitere schwere weltweite Rezession ankündigte, die unter Umständen noch weit schlimmer verlaufen sollte als die Krise in 2007 und 2008. (361) (362) (363)

Durch den sich immer weiter ausbreitenden Coronavirus bestand jetzt allerdings die Gelegenheit für Politiker und Journalisten, von den wirklichen Ursachen der erneut drohenden weltweiten Finanz- und Wirtschaftskrise abzulenken. Statt der liberalkapitalistischen Wirtschaftsordnung und ihren neoliberalen Auswüchsen, konnten sie weltweit dem kleinen Bösewicht Coronavirus die Schuld für das Chaos zusprechen, das bald herrschen sollte.

Bis auf die Seele tief berührt, musste man feststellen, dass gerade diejenigen Politiker, die schon seit Jahren oder Jahrzehnten anhand ihrer neoliberalen Agenda dafür sorgten, dass gerade Menschen mit mittleren und niedrigen Einkommen zunehmend durch die Kürzung der Leistungen von gesetzlichen Krankenversicherungen, die Erhöhung von Krankenversicherungsbeiträgen und die Ausweitung der Zuzahlungen zu Medikamenten und Hilfsmitteln betroffen waren, plötzlich ihre Sorge um das gesundheitliche Wohl der deutschen Bevölkerung entdeckten und diese vollumfänglich gegen die Gefahren des Coronavirus schützen wollten. (322) (334) (364)

Ganz vergessen war, dass die neoliberale Gesundheitspolitik dafür gesorgt hatte, dass die Zahl der Krankenhausbetten sich seit 1991 um fünfundzwanzig Prozent reduziert hatte und die Zahl der Krankenhäuser im gleichen Zeitraum um fünfhundert zurückgegangen war. Noch in 2019 wurde durch die Bertelsmann Stiftung und den Politiker Karl Wilhelm Lauterbach (SPD) lauthals gefordert, die vorhandene Zahl der

Krankenhäuser nochmals um tausend zu reduzieren. Mit Hilfe der Reduzierung der Anzahl der Krankenhäuser sollte eine bessere Versorgungsqualität erreicht werden. Das klingt für mich paradox und ein wenig verrückt, oder? Andererseits machte es aber auch deutlich, dass die Sorge der Politiker um das Wohlergehen der Menschen in Deutschland nicht ganz so ausgeprägt war, wie es vielleicht zunächst den Anschein hatte. (365) (366)

Mit diesem Gedanken im Hinterkopf sollten die ergriffenen Maßnahmen im Rahmen der Ausbreitung des Coronavirus stets kritisch hinterfragt werden.

Noch Ende Januar wurde von Jens Georg Spahn, dem Bundesminister für Gesundheit (CDU) verlautbart, dass der Coronavirus keine große Gefahr für Deutschland darstelle, da sein Krankheitsverlauf milder sei als der bei jährlich auftretenden Influenza. Dieser Ansicht folgte auch Lothar Heinz Wieler, der Präsident des Robert Koch-Instituts (RKI), seines Zeichens übrigens Tiermediziner. (367) (368)

Kurze Zeit später mutierte der Coronavirus allerdings zu einem Killervirus, der ähnlich tödlich wie die Spanische Grippe sein sollte. Der Spanische Grippe lastete man bis zu ihrem Ende den Tod von bis zu hundert Millionen Menschen an. (369)

Am elften März 2020 wurde die Verbreitung des Coronavirus auf der Welt von der World Health Organization (WHO) zur Pandemie erklärt. Das klang ziemlich bedrohlich. Dabei durfte man aber nicht vergessen, dass sich die Definition für eine Pandemie seitens der WHO stark geändert hatte. War es früher noch so, dass es sich um eine Krankheit mit hoher Sterblichkeit handeln musste, reichte es inzwischen schon aus, dass sich eine Krankheit handelte, die sich weltweit ausbreitete. Das traf allerdings auch auf die meisten Grippeerkrankungen der vergangenen Jahre zu. (370) (371) (372)

Trotzdem schalteten nun sowohl die Politik als auch die Leitmedien in Deutschland in den Panikmodus. Unterstützt durch das Robert Koch-Institut (RKI) und Professor Doktor Christian Heinrich Maria Drosten, den Institutsdirektor der Charité in Berlin, wurde durch die deutsche Bundesregierung unter Merkel alles in Bewegung gesetzt, um die Bevölkerung in Angst und Schrecken zu versetzen. Ob sie dabei den Empfehlungen eines Papiers aus dem Bundesministerium des Innern für Bau und Heimat (BMI) folgten, das der Öffentlichkeit zugänglich gemacht worden war und in dem angeraten wurde, in der Bevölkerung aufgrund des Auftreten des Coronavirus Urängste gegen einen qualvollen Tod durch Ersticken zu wecken, selbst Kinder als todbringende Überträger des Virus an ihre Eltern und Großeltern zu denunzieren und auf dauerhafte Folgeschäden der einmal infizierten Menschen hinzuweisen, sei dahingestellt. (373) (374)

Die Wirklichkeit sah aber bedauerlicherweise sehr ähnlich aus. Sämtliche Leitmedien begannen pünktlich mit der Ausrufung der Pandemie durch die WHO damit, Schreckensbilder in ihren Printprodukten, Onlinemedien und Fernsehbeiträgen zu zeigen. Es tauchten dort vielfach Bilder von beatmeten und schwerkranken Menschen auf Intensivstationen auf, wurden Fotos von Särgen, die von mit Schutzkleidung bekleideten Menschen in irgendwelche Transporter geladen wurden, gezeigt und frisch ausgehobene Massengräber präsentiert. Wie aktuell diese Bilder wirklich waren und woher sie stammten, war allerdings oft unklar. (375)

Mit dieser Kampagne folgten die Medien zu hundert Prozent der Linie der deutschen Bundesregierung. Die war darauf aus, eine tiefgreifende Angst und panisches Entsetzen vor dem Coronavirus zu schaffen. Die Zahl der mit dem Coronavirus infizierten Menschen wurde durch das von der Bundesregierung beauftragte RKI ständig aufaddiert, ohne die schon genesenen Menschen davon abzuziehen. So wurden die Zahlen der Infizierten bald bedrohlich hoch.

Zudem wurde die Erhöhung der Zahl der Infizierten nicht zu der Anzahl der durchgeführten Tests in ein Verhältnis gesetzt. Ebenso wenig erhielt man Hinweise darauf, wie viele von den infizierten Menschen wirklich Krankheitssymptome zeigten. Und auch wie hoch die Zahl der Menschen war, die schwere Symptome zeigten und im Krankenhaus behandelt werden mussten, wurde nicht offen kommuniziert. Bei der Anzahl der Toten wurden alle Menschen dazu gezählt, die positiv auf das Virus getestet wurden, egal ob sie wirklich daran gestorben waren oder nicht. Der eingesetzte RT-PCR-Test (Reverse Transkriptase-Polymerase Chain Reaction) zur Feststellung der Infektion durch den Coronavirus war nicht validiert, also bisher nicht offiziell auf seine Genauigkeit geprüft worden. Dieser Test besaß damit eine nicht zu unterschätzende Fehlerquote. Trotzdem die gezeigten Zahlen somit ein verzerrtes Bild der Wirklichkeit darstellten, wurde durch die Bundesregierung weiterhin in unverantwortlicher Weise Panik geschürt. (376) (377)

Nur so schien es möglich zu sein, die Bevölkerung zur Mitarbeit zu bewegen und die Menschen daran zu hindern, sich gegen die geplanten Maßnahmen zur Wehr zu setzen.

Und diese Maßnahmen hatten es tatsächlich in sich. Fast schien es so als ob die herrschenden Politiker schon lange auf eine solche Gelegenheit gewartet hatten, um Deutschland endgültig in einen neoliberalen und technokratischen Obrigkeitsstaat verwandeln zu können, in dem kein Widerspruch mehr geduldet wurde. In dieser neuen Wirklichkeit hatten die Bürger nur noch eine Aufgabe, nämlich zu gehorchen.

Mitte März ereignete sich etwas in Deutschland, was eigentlich bis dahin kaum vorstellbar gewesen war. Es wurde in Zusammenarbeit zwischen Bundesregierung und den einzelnen Landesregierungen über die gesamte deutsche Bevölkerung eine Ausgangs- und Kontaktsperre verhängt. Die Grenzen zu den Nachbarländern wurden geschlossen und weltweite Reisewarnungen ausgesprochen. Im Zuge der

Ausgangs- und Kontaktsperren kam es zu Schließungen der meisten Geschäfte außer Lebensmittelläden und Apotheken sowie aller Kultur- und Freizeiteinrichtungen. Zusammenkünfte von Glaubensgemeinschaften und Vereinen wurden verboten. Der Zugang zu Krankenhäusern und Einrichtungen der Altenhilfe wurde erheblich eingeschränkt. Alte und kranke Menschen konnten keine Besuche mehr erhalten. (378) (379)

Kurz darauf folgend kam es, nachdem im Infektionsschutzgesetz umfangreiche Ermächtigungsgrundlagen für das Bundesministerium für Gesundheit eingefügt und entsprechenden Gesetzesänderungen vorgenommen worden waren, zur Ausrufung einer epidemischen Lage von nationaler Tragweite in Deutschland. (380) (381)

Mit all diesen Maßnahmen wurden große Teile des Grundgesetzes außer Kraft gesetzt. Massiv eingeschränkt wurden die Freiheit der Person (Artikel 2 Grundgesetz), die allgemeine Handlungsfreiheit (Artikel 2 Grundgesetz), die körperliche Unversehrtheit (Artikel 2 Grundgesetz), die Glaubensfreiheit (Artikel 4 Grundgesetz), die Versammlungsfreiheit (Artikel 8 Grundgesetz), das Brief- und Postgeheimnis (Artikel 10 Grundgesetz), die Freizügigkeit (Artikel 11 Grundgesetz), die Berufsfreiheit (Artikel 12 Grundgesetz) die Unverletzlichkeit der Wohnung (Artikel 13 Grundgesetz) und die Eigentumsgarantie (Artikel 14 Grundgesetz). (382) (383)

Und das alles, obwohl in Deutschland die Infektionen mit dem Coronavirus schon ihren Höhepunkt überschritten hatten und am abklingen waren. Wie kam Merkel angesichts von aktuell etwa achttausend infizierten Menschen in Deutschland Ende Mai laut RKI dazu, zu behaupten, dass sich Deutschland immer noch am Beginn der Pandemie durch den Coronavirus befand. Über hundertsechzigtausend Menschen galten laut RKI zu diesem Zeitpunkt schon als geheilt. (384) (385)

Warum war die deutsche Regierung unter Angela Dorothea Merkel darauf erpicht, die umfassende Angst vor dem Coronavirus in der Bevölkerung mit jedem Mittel scheinbar unbefristet aufrecht zu erhalten?

Sollten damit Maßnahmen durchgesetzt werden, die im Normalfall von den mündigen Bürgern in Deutschland niemals akzeptiert worden wären?

Seit Mitte Juni konnte die von der Deutschen Bundesregierung in Auftrag gegebene Corona-Warn-App heruntergeladen und auf dem Smartphone installiert werden. Durch diese Corona-Warn-App, die den Staat annähernd siebzig Millionen EURO gekostet hatte, sollte der Benutzer gewarnt werden, wenn er in die Nähe eines mit dem Coronavirus infizierten Menschen geraten war. Angesichts weit zurückgegangener Infektionszahlen hatte dieses App ihren Sinn allerdings weitgehend verloren. Zudem verfügte die Corona-Warn-App laut verschiedener Experten über große Defizite in Fragen der Sicherheit und des Datenschutzes. So konnten externe Angreifer detaillierte Bewegungsprofile der nutzenden Personen erstellen und möglicherweise sogar die betreffenden Personen identifizieren. Trotzdem wurde die Corona-Warn-App über fünfzehn Millionen Mal heruntergeladen und deren Nutzung nie in Frage gestellt. (386)

Im Rahmen des weltweiten Infektionsgeschehens durch den Coronavirus plante Spahn, der Bundesminister für Gesundheit (CDU) die Einführung eines sogenannten Immunitätsausweises für Deutschland. Erst mit einen solchen Ausweis, dessen digitale Version sich schon in der Planung befand, sollte es den Menschen wieder erlaubt sein, ohne Einschränkungen am alltäglichen Leben teilnehmen zu können. Nur mit Immunitätsausweis hätte man dann wieder ins Kino, ins Theater und ins Restaurant gehen können. Nur damit wären erneut Urlaubsreisen möglich gewesen. Angesichts lautstarker Proteste wurde die Idee der Einführung eines Immunitätsausweises für Deutschland zunächst erst einmal zurückgestellt. Allerdings gab es schon seit 2018 Pläne der Europäischen Gemeinschaft einen solchen digitalen Ausweis bis 2022 einzuführen. Noch Fragen? (387) (388)

Immer wieder war von Bundeskanzlerin Merkel und dem RKI zu hören, dass es für die deutschen Bürger ohne Impfung gegen den Coronavirus keine Rückkehr in die Normalität geben würde. Ähnlich hatte sich auch Bill Gates geäußert. Wenn es nach ihm ginge, müssten sieben Milliarden Menschen auf der Welt gegen den Coronavirus geimpft werden. Ganz in diesem Sinne hatte er sich durch seine Bill & Melinda Gates Foundation an dem Unternehmen BioNTech SE (Hersteller von Krebsimmuntherapien und Impfstoffen auf mRNA-Basis), der Pfizer Inc. (Pharmaunternehmen), der Curevac AG (biopharmazeutisches Unternehmen), der Bayer Aktiengesellschaft (chemische und pharmazeutische Industrie), der Merck KGaA (Unternehmen der Chemie- und Pharmaindustrie) und Sanofi (Pharmakonzern) beteiligt. (389) (390)

Die Bill & Melinda Gates Foundation war inzwischen auch einer der wichtigsten Geldgeber der WHO geworden. Ob dadurch Einfluss auf die Politik der WHO und deren Leitlinien zur Ausrufung einer Pandemie genommen wurde, konnte man sicherlich nicht vollends ausschließen. (391)

Unterstützung für seine Impf-Agenda fand Gates und seine Bill & Melinda Gates Foundation nicht nur in der deutschen Bundeskanzlerin Merkel, sondern auch in der Präsidentin der Europäischen Kommission Ursula Gertrud von der Leyen. Sie hielt kurzerhand zwei Geberkonferenzen ab, in der über fünfzehn Milliarden EURO an Steuergeldern gesammelt wurden, um endlich den ersehnten Impfstoff entwickeln zu können. Dieses Geld wurde der Global Alliance for Vaccines and Immunisation (GAVI) zur Verfügung gestellt, die übrigens von der Bill & Melinda Gates Foundation gegründet und größtenteils finanziert wurde. Curevac AG, eines der Pharmaunternehmen an denen die Bill & Melinda Gates

Foundation ebenfalls beteiligt war, erhielt fünfundsiebzig Millionen EURO Förderung von der Europäischen Union und wollte noch im Sommer diesen Jahres den von ihr entwickelten Impfstoff gegen den Coronavirus erproben. Waren das alles Zufälle? (392) (393)

Ähnlich wie bei dem Ausbruch der Schweinegrippe in 2009 konnte sich die Pharmaindustrie durch die Ausbreitung des Coronavirus über satte Zuwächse ihrer Gewinne freuen. Doch zu damals gab es große Unterschiede. Die Verbreitung der Panik und Angst vor dem Coronavirus war weltweit nahezu perfekt durch die herrschenden Regierungen und die Leitmedien inszeniert worden. Deshalb war dazu kaum Widerspruch in der Bevölkerung zu hören und war der Wille, sich gegen den Virus impfen zu lassen und die eingeleiteten Maßnahmen ohne Murren zu ertragen, sehr ausgeprägt.

Von der Europäischen Union wurden die strengen Regeln zur Entwicklung eines Impfstoffes aufgeweicht. Ähnliches hatte Professor Doktor Drosten schon mehrfach von der Bundesregierung gefordert. Entsprechend einer Verordnung der Europäischen Union von Mitte Juli war es nun möglich, einen Impfstoff mit genetisch veränderten Organismen ohne vorherige Umweltverträglichkeitsprüfung einer klinischen Prüfung zu unterziehen und diesen dann der Bevölkerung zu verabreichen. Damit schien es immer wahrscheinlicher zu werden, dass die Impfung gegen den Coronavirus durch einen mRNA-basierten Impfstoff (Messenger Ribonucleic Acid) erfolgen würde. Dieser veränderte, ähnlich wie bei genveränderten Pflanzen, die Genstruktur des geimpften Menschen, um den Körper die Antigene gegen den Virus selbst herstellen zu lassen. Etwaige Nebenwirkungen ließen sich bei diesem brandneuen Impfverfahren allerdings nicht voraussehen. Gates ging in einem Interview mit der CNBC (Consumer News and Business Channel) jedenfalls davon aus, dass etwa ein Prozent der geimpften Menschen an Nebenwirkungen zu leiden hätten, manche auch mit ihrem Tod dafür bezahlen müssten. (394) (395)

Erstmals sollte der Bevölkerung also, wie in einer Art Feldstudie, ein Impfstoff verabreicht werden, der den genetischen Code in menschlichen Zellen veränderte und dann darauf gewartet werden, ob diese Menschen irgendwelche Nebenwirkungen entwickelten oder nicht. Das klingt schon ein wenig bedrohlich, oder?

Da ist es durchaus verständlich, dass es in Deutschland mehr und mehr Menschen gab, die diesem Ansatz einer fragwürdigen Gesundheitspolitik nicht länger folgen wollten und dagegen demonstrierten. Diese Menschen gingen aber auch gegen die weitreichenden Einschränkungen der Grundrechte durch die Verbreitung des Coronavirus und für ein Ende aller immer noch herrschenden Maßnahmen auf die Straße. Denn spätestens Ende Mai war die durch die WHO ausgerufene Pandemie durch den Coronavirus in Deutschland beendet gewesen. Es kam kaum noch zu Neuerkrankungen und wenn es welche gab, dann schienen diese durch falsche Testergebnisse erzeugt worden zu sein. Wozu sollte denn dann noch eine Impfung erfolgen?

Was geschah allerdings mit den Menschen, die nicht mit den Maßnahmen der Regierung konform gingen und diese sogar kritisierten? Was passierte mit den Teilen der Bevölkerung, die sich für die Wiederherstellung ihrer Grundrechte einsetzten?

Da waren sich die Bundesregierung unter Merkel, große Teile der Opposition im Bundestag, Professor Doktor Drosten und die Leitmedien in Deutschland übrigens seltsam einig:

Bei diesen Leuten handelte es sich um Wirrköpfe Spinner, Verrückte, Covidioten, Rechtsradikale, Verschwörungstheoretiker, Rechtspopulisten, Impfgegner, Reichsbürger, asoziale Idioten oder irgendwelchen anderen Durchgeknallten, die abwegige Fake News verbreiteten. Andere Meinungen wurden durch die Regierung und die Medien nicht geduldet. Ein demokratischer Austausch war nicht erwünscht. Alles, was nicht dem Mainstream entsprach, wurde als Lüge und Verschwörungstheorie verunglimpft oder einfach ignoriert, zensiert oder gelöscht. (396) (397)

Der Coronavirus war nicht der absolut tödliche Virus, für den er von der Bevölkerung durch die Propagandamaßnahmen der Regierung und der Leitmedien gehalten wurde. Was sich jedoch stattdessen zu einer großen Gefahr für die Gesundheit und den Wohlstand der deutschen Bevölkerung entwickeln sollte, waren die Ausgangs- und Kontaktsperren in Verbindung mit dem Herunterfahren der gesamten deutschen Wirtschaft.

Hier zeigte sich sehr bald, was die Maßnahmen gegen die Verbreitung des Coronavirus für schlimme Folgen hatten. Durch die Vereinzelung der Menschen durch die vorgenommenen Maßnahmen nahmen Angstzustände und Depressionen in der Bevölkerung um über dreißig Prozent zu. In diesem Zusammenhang war auch die Zunahme von Selbstmorden um über fünfzig Prozent im Vergleich zum Vorjahr zu sehen. Die Gewalt gegen Kinder und Jugendliche stieg um über fünfzehntausend Fälle bis Ende Mai an. Ähnlich war es bei der Gewalt gegen Frauen. Sie hatte mit über achtundzwanzigtausend neu hinzugekommenen Fälle ein neues Hoch erreicht. (398)

Die Angst vor der Infektion mit dem Coronavirus führte dazu, dass die Menschen sich nicht trauten, zum Arzt zu gehen oder sich im Krankenhaus behandeln zu lassen. Dringend erforderlich Operationen wurden nicht mehr durchgeführt, auch um Betten für die Behandlung von Menschen mit einer Infektion des Coronavirus freizuhalten. Lebensnotwendige Therapien für Krebspatienten wurden verschoben oder abgebrochen. Patienten mit Verdacht auf Schlaganfall, Herzinfarkt oder Blinddarmentzündung ließen sich nicht mehr behandeln und mussten schwere Spätfolgen oder sogar den Tod in Kauf nehmen. Laut einer Studie in England führte die Ausbreitung des Coronavirus und die entsprechenden Maßnahme dort zu einer Zunahme der Krebstoten um zwanzig Prozent. Ähnliches konnte wohl auch für Deutschland angenommen werden. (399) (400)

Die Ausbreitung des Coronavirus und die daraus resultierenden restriktiven Maßnahmen der Regierung hatten aber auch erhebliche Auswirkungen auf den Wohlstand vieler Menschen in Deutschland. So wurde bis April 2020 für über zehn Millionen Menschen Kurzarbeit angemeldet. Im gleichen Zeitraum nahm die Arbeitslosigkeit um über vierhunderttausend zu. Die Industrie hatte in den ersten vier Monaten des Jahres einen Rückgang ihrer Aufträge um fast vierzig Prozent zu beklagen. Die Exporte gingen über dreißig Prozent und die Importe über zwanzig Prozent zurück. Inzwischen kündigten Unternehmen fortwährend an, Entlassungen vorzunehmen. Ein Ende des Anstiegs der Arbeitslosenzahl war damit nicht abzusehen und sollte erst in naher Zukunft wirklich bedrohliche Maße annehmen. Immer Banken rechneten mit einer erheblichen Ausweitung der Kreditausfälle. (401)

Die durch die deutsche Bundesregierung beschlossene Aussetzung der Insolvenzantragspflicht bis Ende September 2020 tat ihr Übriges, um die Arbeitsmarktsituation zusätzlich zu verschärfen. Denn diese hatte nur eine aufschiebende Wirkung. Nach deren Ende kam zu einer Welle von Insolvenzanträgen, die die Arbeitslosenzahl in nie gekannte Höhen steigen ließ. Ähnliches geschah auch während der Krise von 2007 und 2008. (402)

Die deutsche Bundesregierung hatte zwar entschieden, über eine Billion EURO Hilfsgelder für Beschäftigte, Selbstständige und Unternehmen auszuzahlen oder zumindest Garantien dafür zu geben. Hauptprofiteure waren aber wieder einmal jene Firmen, die mit einer Bilanzsumme von über dreiundvierzig Millionen EURO aufwarten konnten und damit als Großkonzerne zu gelten hatten. Diese sollten in den Genuss des größten Teil des Gelds in Höhe von sechshundert Milliarden EURO kommen. Dazu gehörten die Lufthansa (neun Milliarden EURO), Adidas (drei Milliarden Euro), Puma (neunhundert Millionen EURO), Media Markt und Saturn (fast zwei Milliarden EURO), ThyssenKrupp (eine Milliarde), TUI AG (fast zwei Milliarden), Sixt AG (eineinhalb Milliarden) und die Autoindustrie (E-Auto-Kaufprämie in Höhe von sechstausend EURO). (403) (404) (405)

Fast vollkommen vergessen wurden die Menschen mit kleinen oder mittleren Einkommen. Die gewährte befristete Reduzierung der Mehrwertsteuer um drei Prozent machte sich kaum bei ihnen bemerkbar. Zudem waren die Preise von vielen Nahrungsmittel im Rahmen der Verbreitung des Coronavirus und der daraus resultierenden restriktiven Maßnahmen der Regierung im Vergleich zum Vorjahr extrem angestiegen. Vorwiegend Obst und Gemüse wurden außergewöhnlich teuer und konnten dadurch kaum noch mit dem niedrigen Satz von Arbeitslosengeld II bezahlt werden. Ebenfalls die Ärmsten der Armen betraf, dass die Lebensmitteltafeln bundesweit aufgrund der Maßnahmen im Rahmen der Verbreitung des Coronavirus geschlossen waren. Arm oder von Armut gefährdet waren inzwischen fast zwanzig Prozent der deutschen Bevölkerung und das war wirklich ein Armutszeugnis für den deutschen Staat. Insbesondere, da es scheinbar kein Problem darstellte, im Rahmen der Verbreitung des Coronavirus sehr viel Geld auszugeben und dafür die Staatsschulden weiter auszuweiten. (406) (407)

Mit den über hundertfünfzig Milliarden EURO, die Deutschland zur Finanzierung der Hilfsprogramme im Rahmen der Verbreitung des Coronavirus an Krediten aufnahm, war der deutsche Staat mit sagenhaften zwei Billionen EURO bei seinen Gläubigern verschuldet. Wer diese Gläubiger genau waren, wurde durch den Staat allerdings stets geheim gehalten. Bekannt war jedoch, dass dazu Banken wie die die Deutsche Bank, die Commerzbank, Morgan Stanley, Merrill Lynch & Co., Investmentfonds wie BlackRock, Inc. und Versicherungsunternehmen wie die Allianz SE gehörten. (408)

Der Staat machte also extrem hohe Schulden, um einige wenige große Firmen zu retten. Und wer musste im Endeffekt für diesen unfassbar großen Schuldenberg aufkommen? Oder anders gefragt, wer waren schon die Leidtragenden der letzten weltweiten Finanzkrise in 2008 und 2009 gewesen?

Es waren die Menschen mit mittleren und niedrigen Einkommen gewesen, die am meisten darunter gelitten hatten. Sie mussten Einkommensverluste in ungeahnter Höhe und Leistungskürzungen in einer unüberschaubaren Zahl von Bereichen hinnehmen.

Wer profitierte schon von der letzten weltweiten Krise?

Es waren die reichsten zehn Prozent der Menschen in Deutschland. Sie verfügten nicht nur über mehr als sechzig Prozent des Vermögens in Deutschland, sondern ihnen gelang es auch in Krisenzeiten, ihren Reichtum stetig zu vergrößern.

Die Erfahrungen aus den letzten Jahrzehnten deuteten darauf hin, dass die Wahrscheinlichkeit, dass hier in Deutschland aufgrund der aktuellen Krise bald griechische Verhältnisse herrschen würden, sehr hoch war. Zumindest unter der derzeit herrschenden deutschen Regierung, die ja mit ihrer neoliberalen Agenda aktiv an der Verarmung weiter Teile der griechischen Bevölkerung beteiligt gewesen war. Das würde für die deutsche Bevölkerung bedeuten, dass sie mit drastischen Rentenkürzungen, umfangreichen Senkungen der Löhne, einschneidenden Änderungen bei staatlichen Leistungen wie Arbeitslosengeld, Grundsicherung sowie Kindergeld, dem Ansteigen der Arbeitslosigkeit auf ein nie gekanntes Niveau, der Ausweitung der Obdachlosigkeit und dem verstärkte Auftreten von Unterernährung und Hunger insbesondere bei Kindern zu rechnen hatte. Deutschland drohte im Chaos zu versinken. Verrückt wäre es in diesem Falle sicherlich, sich nicht dagegen zu wehren, sondern zuzulassen, dass die Reichen noch reicher und die Armen noch ärmer werden. Aber das ist ja jedem selbst überlassen. (409) (410)

Wahnsinn mit System

Wie ich schon in der Einleitung angemerkt hatte, gehöre ich zu jenen Menschen, die in unserer Gesellschaftsform als verrückt oder nicht der Norm entsprechend gelten. Das Problem dabei ist, dass wir immer mehr werden. Fast dreißig Prozent der erwachsenen Menschen in Deutschland   litten in 2019 an ausgeprägten psychischen Störungen. Dabei machten Angststörungen gefolgt von affektiven Störungen (Depression, Manie, bipolare Störung etc.) den größten Anteil aus. Zwischen 2000 und 2016 hat sich die Zahl der notwendigen Behandlungen in psychiatrischen Kliniken um über dreißig Prozent erhöht. Inzwischen liegen sie bei über achthunderttausend stationären Unterbringungen pro Jahr. Die durchschnittliche Liegedauer betrug fast vierundzwanzig Tage. (411) (412)

Besonders Berufstätige waren in den letzten Jahren immer mehr von psychischen Erkrankungen betroffen. Die die Anzahl der Krankschreibungen aufgrund psychischer Störungen hat sich innerhalb von zehn Jahren um mehr als fünfzig Prozent erhöht. Die Zahl der Krankheitstage ging sogar um fast achtzig Prozent nach oben. Auffallend war auch, dass immer mehr Menschen mit psychischen Erkrankungen immer früher in Rente gehen mussten. Menschen mit psychischen Störungen machten in 2018 über vierzig Prozent aller Frühberentungen aus.

Die Kosten der Erkrankungen von Menschen mit psychischen Störungen hatten inzwischen eine Summe von über vierzig Milliarden EURO pro Jahr erreicht. (413) (414)

Was sind die Ursachen dafür, dass immer mehr Menschen verrückt werden?

Konnte es sein, dass das der immer größeren Verbreitung des Neoliberalismus und seiner liberalkapitalistischen Wirtschaftsordnung in der Welt geschuldet ist? Hängt das mit der durch den Neoliberalismus ausgelösten Zerstörung traditioneller Familienstrukturen, der Vereinzelung der Menschen, der stetig wachsenden Konkurrenzsituation, der obsessiven Deregulierung und Flexibilisierung des Arbeitsmarktes, der forcierten Digitalisierung, dem allgemein herrschende Zwang zur Vermarktung seiner selbst sowie der übermäßigen Zunahme des Materialismus, der Habgier und des Egoismus zusammen? Vieles spricht dafür. (415)

Die Menschen gehen zunehmend schlechter miteinander um. Empathie wird nur noch selten gezeigt. Dagegen gehört Mobbing oft zum Arbeitsalltag. Kollegen, die keine ausreichende Leistung mehr zeigen, werden ausgegrenzt. Das ähnelt immer mehr dem, wie früher psychisch kranke Menschen missachtet und an den Rand der Gesellschaft gedrängt wurden. Dazu ein paar historische Anmerkungen. (416) (417)

Seit dem siebzehnten Jahrhundert wurden in Deutschland sogenannte Geisteskranke zusammen mit regulären Sträflingen unter menschenunwürdigen Bedingungen in Zuchthäusern untergebracht. Dort mussten sie angekettet schlimmste Folterungen ertragen und sahen sich völliger Verwahrlosung ausgesetzt.

Zu Beginn des neunzehnten Jahrhunderts wurden dann sogenannte Irrenanstalten gegründet, in der die Irren zwar nicht mehr angekettet wurden, aber trotzdem noch sehr unmenschlichen Heilungsmaßnahmen über sich ergehen lassen mussten. Psychiker wie Johann Gottfried Langermann gingen davon aus, dass der Wahnsinn ihrer Patienten eine Erkrankung der Seele und durch einen sündhaften Lebenswandel ausgelöst worden war. Daher konnte diese Erkrankung nur durch körperlicher Züchtigung, ähnlich der religiösen Geißelung, geheilt werden. Zu diesen heilenden Maßnahmen gehörten das Auspeitschen mit Ruten, die Züchtigung mit glühenden Eisen, die Aussetzung des Körpers mit extremer Kälte, das Zuführen von Brech- und

Abführmitteln, die Fixierung auf Betten und die Anwendung von Elektrizität. (418) (419)

Am Ende des neunzehnten Jahrhunderts etablierte sich die Psychiatrie langsam als akademische Wissenschaft. Dank Wilhelm Griesinger wurden psychischen Krankheiten mittlerweile als Erkrankungen des Gehirns definiert. Zudem trug Sigmund Freud, als Begründer der Psychoanalyse, sehr viel dazu bei, dass eine Deutung der vorhandenen Krankheitsbilder möglich wurde. (420)

Eine adäquate Behandlung psychisch kranker Menschen erfolgte aber nach wie vor nicht in hinreichender Form. Sie machte vielmehr in den Dreißiger Jahren des Zwanzigsten Jahrhunderts nochmals erhebliche Rückschritte. So begannen sich weltweit die Insulinschocktherapie (ICT)und die Elektrokrampftherapie (EKT) zur Behandlung von depressiven und schizophrenen Patienten durchzusetzen. Bei der Insulinschocktherapie wurde dem Patienten hochdosiert Insulin verabreicht, um ihn damit in einen komaartigen Zustand zu versetzen, währenddessen es oft zu einem Krampfanfall kam. Bei der Elektrokrampftherapie (EKT) wurde bei dem Patienten dagegen durch elektrische Stromstöße ein epileptischer Anfall ausgelöst. Beide Behandlungsmethoden führten häufig zur Verschlechterung des körperlichen und geistigen Zustands des Patienten und hatten sogar nicht selten den Tod des Patienten zur Folge. Behandlungserfolge waren bei diesen Behandlungen eher selten. (421) (422) (423)

Während der Zeit des Nationalsozialismus in Deutschland wurden über zweihunderttausend Menschen mit körperlichen, geistigen und seelischen Behinderungen Opfer der rassenhygienischen Vorstellungen der Anhänger der herrschenden Nationalsozialistischen Deutschen Arbeiterpartei (NSDAP) und in Konzentrationslagern sowie in denn Heil- und Pflegeanstalten grausam ermordet. Vierhunderttausend Menschen wurden einer Zwangssterilisierung unterzogen. (424) (425)

Nach Ende des zweiten Weltkrieges gelang es, die ersten Psychopharmaka zu entwickeln, die zwar noch über starke Nebenwirkungen verfügten und meist dazu genutzt wurden, die Patienten ruhig zu stellen, aber dennoch menschlicher in ihrer Anwendung waren als die Lobotomie, die bis dahin als Mittel der erste Wahl zur Behandlung von Psychosen und Depressionen mit starker Unruhe galt. Im Rahmen der Lobotomie wurden anhand eines neurochirurgische Eingriffs Nervenbahnen im Gehirn zerschnitten. Dies führte bei den Patienten oftmals zu extremen Persönlichkeitsveränderungen und einem zombiehaften Verhalten. Lange Zeit war es in der Psychiatrie zudem üblich, Menschen mit extrem gesteigerter motorischer Unruhe in Isolierzellen unterzubringen oder in Zwangsjacken zu stecken. (426) (427)

Erst in den siebziger Jahren gelang es einer kritische Bewegung, der sogenannten „Antipsychiatrie", die enormen Missstände in deutschen Psychiatrien aufzuzeigen und Änderungen zu erzwingen. Bekämpft wurden durch diese Bewegung insbesondere die Stigmatisierung der kranken Menschen sowie die menschenunwürdigen Zustände und folterähnlichen Behandlungsmethoden in den psychiatrischen Kliniken.

Dieser Bewegung war es zu verdanken, dass die personelle Ausstattung der psychiatrischen Kliniken verbessert wurde und die Patienten wirklich therapiert wurden, anstatt sie zu verwahren und mit Medikamenten ruhig zu stellen. In den Kliniken kamen nun moderne Gruppentherapien wie Ergotherapie, Tanztherapie und Beschäftigungstherapie zur Anwendung. Die Nachbetreuung von entlassenen Patienten wurde durch ambulante Dienste wie die Sozialpsychiatrischen Dienste sichergestellt. Daneben wurden ambulante Wohngruppen geschaffen, die es Langzeitpatienten erlaubte, irgendwann aus der stationären Behandlung entlassen zu werden. (428) (429)

Trotz all dieser Fortschritte blieben allerdings Zwangsmaßnahmen ein Teil der Behandlung in psychiatrischen Kliniken. Wer nicht seine Medikamente nehmen wollte, dem wurden sie zwangsweise verabreicht. Wer extreme Erregungszustände zeigte, wurde am Bett fixiert. Es konnte aber auch durchaus geschehen, dass jemand gegen seinen Willen in eine geschlossene psychiatrische Klinik eingewiesen wurde. Dies geschah in 2019 bei annähernd zweihunderttausend Menschen. Voraussetzung dafür war eine konkrete Fremd- oder Selbstgefährdung, aber auch ein gerichtlicher Beschluss. (430) (431)

Es bestand jedoch stets die Gefahr, dass diese Maßnahmen nicht gerechtfertigt waren und jemand zwangsuntergebracht wurde, obwohl er kerngesund war. So geschehen mit Gustl Mollath in 2006. Er befand sich sieben Jahre lang in der Forensischen Psychiatrie des Bezirkskrankenhauses Bayreuth. Der Grund für die Unterbringung in der geschlossenen Abteilung für psychisch kranke Straftäter war, dass er angeblich gemeingefährlich war, an Wahnvorstellungen litt und eine Gefahr für die Allgemeinheit darstellte.

Der wahre Grund war jedoch, dass er seine Ehefrau Petra Mollath und deren Arbeitgeber, die HypoVereinsbank, angezeigt hatte, da diese für eine Reihe ihrer Kunden Schwarzgeld in Millionenhöhe in die Schweiz gebracht hatten, um dadurch den Kunden zu ermöglichen, die Zahlung von Steuern zu vermeiden. Dass dies gelebte Kundenpolitik Deutscher und Schweizer Banken war, belegten die verschiedenen Skandale, die seit 2006 regelmäßig durch das Auftauchen von Steuerhinterzieher-CDs entstanden waren. Verwickelt in diese Skandale waren die Schweizer Banken UBS Group AG, Credit Suisse Group AG und Bank Julius Bär & Co. AG. Es wurde geschätzt, dass sich Geld in Höhe von über zwanzig Milliarden EURO zur Steuervermeidung auf Konten in der Schweiz befand. (432) (433) (434)

Petra Mollath hatte aufgrund der Anzeige ihres Mannes und der daraus folgenden Streitigkeiten Gustl Mollath wegen gefährlicher Körperverletzung und Freiheitsberaubung angezeigt. Dieses Strafverfahren wurde am Amtsgericht Nürnberg verhandelt. Zu dieser Verhandlung reichte Petra Mollath über ihren Anwalt ein psychiatrisches Gutachten ein, das belegen sollte, dass ihr Ehemann an einer schweren psychischen Erkrankung litt. Die ausstellende Ärztin hatte Gustl Mollath nie persönlich kennengelernt.

Da sich Gustl Mollath weigerte an Terminen zur Feststellung seines Geisteszustandes zu erscheinen, wurde er schließlich im Bezirkskrankenhaus Bayreuth zwangsbegutachtet. Der Gutachter kam zu dem Ergebnis, dass Gustl Mollath an einem paranoides Gedankensystem leide und für die Allgemeinheit gefährlich sei. Sechs Monate später erfolgte aufgrund eines einstweiligen Beschlusses des Gerichtes die Unterbringung in der Forensischen Psychiatrie.

Erst sieben Jahre später gelang es Gustl Mollath, gerichtlich feststellen zu lassen, dass er völlig normal war und die Verdächtigungen gegenüber seiner Ehefrau gerechtfertigt, also keine Wahnvorstellungen gewesen waren. Erst dann wurden alle Anklagepunkte fallengelassen und er aus der Forensischen Psychiatrie entlassen. (435)

Man könnte nun meinen, dass sei ein Einzelfall gewesen. Wir leben doch in einem Rechtsstaat, in dem so etwas eigentlich so gut wie nie vorkommt, wird der ein oder andere nun sagen. Glauben Sie das wirklich?

Um das zu überprüfen, kehren wir in die Gegenwart des Jahres 2020 zurück. Tatsächlich war es so, dass im Rahmen der Verbreitung des Coronavirus das Bundesland Sachsen und dessen Staatsministerin für Soziales und Gesellschaftlichen Zusammenhalt Viola Petra Köpping (SPD) im April angekündigt hatte, Menschen, die mit dem Coronavirus infiziert waren und sich weigerten, sich in häusliche Quarantäne zu begeben, nach dem Gesetz zur Verhütung und Bekämpfung von Infektionskrankheiten beim Menschen (Infektionsschutzgesetz – IfSG) zwangsweise in der geschlossenen Abteilung einer psychiatrische Klinik unterzubringen. (436) (437)

Ebenso interessant war es, dass der Arzt Dr. med. Thomas Binder in der Schweiz aufgrund kritischer Anmerkungen zu den Maßnahmen im Rahmen der Verbreitung des Coronavirus kurzerhand verhaftet und in einer psychiatrischen Klinik untergebracht wurde. (438) (439)

Ähnlich erging es der Anwältin Beate Bahner, Fachanwältin für Medizinrecht aus Heidelberg. Sie hatte sich um Sorge um die Eingriffe in die Grundrechte der Bevölkerung Deutschlands durch die Maßnahmen im Rahmen der Verbreitung des Coronavirus gemacht und einen Antrag auf Erlass einer einstweiligen Anordnung beim Verwaltungsgerichtshof Baden Württemberg gestellt. Das Ergebnis war nicht nur, dass dieser Antrag abgelehnt wurde, sondern auch, dass Beate Bahner zweimal in einer psychiatrischen Klinik zwangsuntergebracht wurde. Noch Fragen? (440) (441)

- ENDE -

Anhang

Über die weiter unten angefügten Verweise lassen sich alle in dem Buch angegebenen Daten und Zahlen nachvollziehen. Alle Daten und Angaben des Buches sind nach bestem Wissen und Gewissen zusammengetragen und sorgfältig überprüft worden. Da inhaltliche Fehler trotzdem nicht auszuschließen sind, erfolgen die Angaben in dem Buch ohne jegliche Gewähr und ohne Verpflichtung des Verlages oder des Autors. Beide übernehmen daher keine Haftung für eventuelle Unrichtigkeiten. Meinungsäußerungen des Autors in dem Buch fallen grundsätzlich unter den Schutz des Artikel 5 des Grundgesetzes. In der folgenden Auflistung sind die Quellen der Recherchearbeit des Autors aufgelistet.

(1) https://www.wsws.org/de/articles/2019/08/05/pers-a05.html

(2) https://de.wikipedia.org/wiki/Ronald_Reagan

(3) https://de.wikipedia.org/wiki/Neoliberalismus

(4) https://www.gegenfrage.com/indianer/

(5) https://www.planet-wissen.de/geschichte/menschenrechte/sklaverei/pwiesklavenfueramerika100.html

(6) https://de.wikipedia.org/wiki/Unabh%C3%A4ngigkeitserkl
%C3%A4rung_der_Vereinigten_Staaten

(7) https://de.wikipedia.org/wiki/New_York_Stock_Exchange

(8) https://www.globalisierung-
fakten.de/industrialisierung/industrialisierung-in-amerika/

(9) https://de.wikipedia.org/wiki/Wells_Fargo

(10) https://de.wikipedia.org/wiki/Goldman_Sachs

(11) https://de.wikipedia.org/wiki/J._P._Morgan

(12)
https://drfichtnersstudienblaetter.files.wordpress.com/2017/0
5/aussenpolitik_usa_19-jh.pdf

(13) https://de.wikipedia.org/wiki/United_States_Navy

(14) https://de.wikipedia.org/wiki/Wirtschaftskrise_von_1837

(15) https://de.wikipedia.org/wiki/Wirtschaftskrise_von_1857

(16) https://de.wikipedia.org/wiki/Gro
%C3%9Fe_Depression_(1873%E2%80%931896)

(17) https://www.zeit.de/zeit-geschichte/2009/03/Chronik-
der-Krisen/komplettansicht

(18)
https://www.lernhelfer.de/schuelerlexikon/geschichte/artikel/
wurzeln-der-expansionspolitik-der-usa#

(19) https://de.wikipedia.org/wiki/Spanisch-
Amerikanischer_Krieg

(20) https://www.radio-utopie.de/2018/12/09/der-tragische-
beginn-des-us-imperialismus/

(21) https://de.wikipedia.org/wiki/Panik_von_1907

(22) https://kenfm.de/standpunkte-%E2%80%A2-der-
boersencrash-von-2020-und-die-bewusst-herbeigefuehrte-
finanzpanik-von-1907-podcast/

(23) https://de.wikipedia.org/wiki/Federal_Reserve_System

(24) https://kenfm.de/the-wolff-of-wall-street-federal-
reserve-system/

(25) https://de.wikipedia.org/wiki/Jekyll_Island

(26) https://www.bpb.de/izpb/181033/weg-zur-weltmacht-1898-bis-1945

(27) https://www.deutschlandfunk.de/der-weg-in-den-ersten-weltkrieg-die-usa-und-der-aufstieg.724.de.html?dram:article_id=273012

(28) https://www.handelsblatt.com/politik/international/100-jahre-weltkrieg/der-krieg-und-seine-folgen/usa-der-grosse-profiteur-des-weltkriegs/10061800.html?ticket=ST-10397801-fxQhZms7VixClIpwF0VV-ap3

(29) https://www.sueddeutsche.de/politik/weltmacht-usa-die-sintflut-des-20-jahrhunderts-1.2492748-0#seite-2

(30) https://www.heise.de/tp/features/Der-Kriegseintritt-der-USA-1917-3771284.html?seite=all

(31) http://www.dresaden.de/Kriegseintrittsgrund-der-USA-1917.pdf

(32) https://usa.usembassy.de/geschichte-ww1.htm

(33)
https://drfichtnersstudienblaetter.files.wordpress.com/2017/0
4/wirtschaft_zwanzigerjahre_usa.pdf

(34)
https://www.boerse.de/boersenwissen/boersengeschichte/De
r-Boersencrash-des-Jahres-1929-69

(35) https://de.wikipedia.org/wiki/Schwarzer_Donnerstag

(36) https://www.sueddeutsche.de/geld/die-grosse-
depression-der-schatten-von-1929-1.707805-0#seite-2

(37) https://de.wikipedia.org/wiki/Weltwirtschaftskrise

(38) https://kenfm.de/the-wolff-of-wall-street-
weltwirtschaftskrise-1929/

(39) https://de.wikipedia.org/wiki/New_Deal

(40) https://de.wikipedia.org/wiki/Franklin_D._Roosevelt

(41) https://www.hintergrund.de/politik/welt/die-
wertegemeinschaft-der-lupenreinen-hurensoehne/

(42) http://archive.indymedia.be/news/2003/04/60213.html

(43) https://de.wikipedia.org/wiki/Operation_Overcast

(44)
http://www.schattenblick.de/infopool/buch/sachbuch/busar17
1.html

(45) https://de.qwe.wiki/wiki/McCollum_memo

(46) http://www.jacquespauwels.net/fall-1941-pearl-harbor-
and-the-wars-of-corporate-america/

(47) http://www.911-archiv.net/Zweiter-Weltkrieg/pearl-
harbor.html

(48)
https://de.wikipedia.org/wiki/Tote_des_Zweiten_Weltkrieges

(49) http://www.nrhz.de/flyer/beitrag.php?id=22690

(50) https://de.wikipedia.org/wiki/Bretton-Woods-System

(51) https://kenfm.de/the-wolff-of-wall-street-das-system-
von-bretton-woods/

(52) https://www.nachdenkseiten.de/?p=37010

(53) https://www.george-marshall-gesellschaft.org/george-c-marshall/der-marshall-plan-und-die-folgen/

(54) https://www.focus.de/wissen/mensch/geschichte/tid-15838/george-c-marshall-ein-plan-mit-hintergedanken_aid_444487.html

(55) https://finanzmarktwelt.de/die-wahrheit-ueber-den-sensationellen-marshallplan-86615/

(56) https://www.heise.de/tp/features/Der-Klub-der-Weisen-Maenner-3419681.html

(57) https://kommunismusgeschichte.de/jhk/jhk-2010/article/detail/die-kke-und-der-buergerkrieg-in-griechenland-1946-1949/

(58) https://kalterkriegundentspannungspolitik.wordpress.com/2016/01/08/rote-angst/

(59) https://www.heise.de/tp/features/USA-Der-militaerisch-industrielle-Komplex-3502863.html?seite=all

(60) https://www.heise.de/tp/news/Atombomben-auf-Ost-Berlin-3055232.html

(61)
https://nsarchive2.gwu.edu//nukevault/ebb236/index.htm

(62) https://www.heise.de/tp/features/Codename-
Furtherance-Top-Secret-Neun-Jahre-Bereitschaft-zum-
nuklearen-Erstschlag-3396914.html

(63) https://diefreiheitsliebe.de/politik/70-jahre-nato-
jubilaeum-ohne-jubel/

(64) http://www.schattenblick.de/infopool/medien/altern/ak-
289.html

(65) https://sascha313.wordpress.com/2015/10/15/die-
hintergruende-des-koreakrieges-1950-53/

(66) https://www.heise.de/tp/features/Als-Ost-und-West-in-
Korea-gegeneinander-Krieg-fuehrten-4837626.html

(67) https://usa.usembassy.de/geschichte-postwar.htm

(68) https://de.wikipedia.org/wiki/Nachkriegsboom

(69) https://www.heise.de/tp/news/Kubakrise-50-Jahrestag-
des-Schwarzen-Samstags-2029619.html

(70) https://www.deutschlandfunk.de/die-gescheiterte-invasion.724.de.html?dram:article_id=100163

(71) https://www.heise.de/tp/features/Vom-Geheimkrieg-zum-Doomsday-Plan-3382180.html

(72) https://www.heise.de/tp/features/Lie-Man-Lemnitzer-3382190.html

(73) https://de.wikipedia.org/wiki/Haroldson_Hunt

(74) https://www.theintelligence.de/index.php/wissen/geschichte/1363-wollte-john-f-kennedy-das-waehrungssystem-reformieren.html

(75) https://www.heise.de/tp/features/Das-Kennedy-Puzzle-3417679.html?seite=all

(76) https://en.wikipedia.org/wiki/Executive_Order_11110

(77) https://www.heise.de/tp/news/Operation-Kieferbruch-4183260.html

(78) https://www.heise.de/tp/features/Das-Vietnam-Phantom-3400777.html

(79) https://kenfm.de/tagesdosis-9-10-2018-atombomben-und-chemiewaffen-auf-vietnam/

(80) https://de.wikipedia.org/wiki/Vietnamkrieg

(81) https://www.spiegel.de/spiegel/print/d-45520601.html

(82) https://taz.de/40-Jahre-nach-Ende-des-Vietnamkriegs/!5218991/

(83) https://oxiblog.de/1973-markierte-den-zusammenbruch-des-systems-von-bretton-woods-und-den-beginn-des-grossen-neoliberalen-umbruchs/

(84) https://www.freitag.de/autoren/asansoerpress35/alles-andere-als-ein-feuerloescher

(85) https://de.wikipedia.org/wiki/%C3%96lpreiskrise

(86) https://www.spiegel.de/spiegel/print/d-41651527.html

(87) https://www.heise.de/tp/features/Die-transnationalen-Machteliten-haben-sowohl-kosmopolitische-als-auch-neo-nationalistische-Kraefte-3896376.html?seite=all

(88) https://www.heise.de/tp/features/Wir-leben-in-einer-Gesellschaft-die-von-Propaganda-und-Manipulation-durchdrungen-ist-4129762.html

(89) https://diefreiheitsliebe.de/politik/der-tod-eines-der-groessten-neoliberalen-im-20-jahrhundert-paul-volcker/

(90) https://www.wolfgang-waldner.com/neoliberalismus/

(91) https://de.wikipedia.org/wiki/Paul_Volcker

(92) https://www.merkur-zeitschrift.de/2019/07/01/das-blut-der-anderen-der-volcker-schock-und-die-folgen/

(93) http://www.schattenblick.de/infopool/medien/altern/marx-585.html

(94) https://www.wsi.de/data/wsimit_2003_12_schmidt.pdf

(95) https://de.wikipedia.org/wiki/Republikanische_Partei

(96) https://de.wikipedia.org/wiki/Pr%C3%A4sidentschaftswahl_in_den_Vereinigten_Staaten_1980

(97) https://www.wirtschaftsdienst.eu/inhalt/jahr/2020/heft/1/beitrag/reaganomics-wegbereiter-des-trumpismus-6072.html

(98) https://www.jfki.fu-
berlin.de/faculty/economics/research/WorkingPapers/Haas_-
No-12_1988.pdf

(99)
https://www.handelsblatt.com/politik/konjunktur/oekonomie/
nachrichten/folgen-der-deregulierung-die-selbst-gemachte-
krise-seite-4/3765676-4.html?ticket=ST-10996250-
cN3Du7zzCua3xCWE6bAc-ap3

(100) https://de.wikipedia.org/wiki/Schwarzer_Montag

(101) https://www.evidero.de/deregulierung-triebfeder-fuer-
die-finanzkrise

(102) https://www.lebenshaus-alb.de/magazin/011138.html

(103) https://www.spiegel.de/spiegel/print/d-14341136.html

(104) http://dr-peterreins.de/2011/07/die-geschichte-der-us-
staatsverschuldung-der-letzten-30-jahre/

(105) https://www.heise.de/tp/features/Die-RYAN-Krise-als-
der-Kalte-Krieg-beinahe-heiss-geworden-waere-3420663.html

(106) https://de.wikipedia.org/wiki/Contra-Krieg

(107) https://de.wikipedia.org/wiki/Iran-Contra-Aff
%C3%A4re

(108) https://www.dw.com/de/die-iran-contra-aff
%C3%A4re/a-4502179

(109) https://www.heise.de/tp/news/Reagans-postfaktische-
Nicaragua-Politik-3505792.html

(110)
https://www.bpb.de/internationales/amerika/usa/10625/reag
an-jahre?p=all

(111)
https://www.wienerzeitung.at/startseite/archiv/198317_1986-
Wichtige-Weichenstellung.html

(112) https://www.mdr.de/zeitreise/michail-gorbatschow-
lebenslauf-glasnost-perestroika-reformen-100.html

(113) https://deutsche-wirtschafts-
nachrichten.de/2015/02/22/rueckkehr-der-geschichte-iwf-
kredite-und-oelpreis-brachten-sowjetunion-zu-fall

(114) https://www.geolitico.de/2015/04/22/das-us-
machtkartell-der-oligarchen/

(115) https://www.heise.de/tp/features/Explosionsartige-
Ausweitung-der-Finanzmaerkte-in-der-Clinton-Aera-
3505313.html?seite=all

(116) https://www.rosalux.de/publikation/id/3355/die-
politische-oekonomie-der-usa-an-der-wende-zum-21-
jahrhundert/

(117) https://www.zeit.de/2009/07/P-Rubin/komplettansicht

(118) https://adamag.de/nancy-fraser-progressiver-
neoliberalismus-trump

(119) https://www.tagesspiegel.de/politik/neoliberalismus-
die-perversion-des-systems/5502646.html

(120) https://www.heise.de/tp/features/Nato-
Osterweiterung-Das-ist-eine-brillante-Idee-Ein-Geniestreich-
4009027.html?seite=all

(121) https://www.freitag.de/autoren/jakob-reimann-
justicenow/die-illegalen-kriege-der-nato

(122) https://www.heise.de/tp/features/Krieg-der-Zukunft-
3446234.html

(123) https://www.heise.de/tp/features/Die-USA-und-der-Irak-3425875.html

(124) https://www.heise.de/tp/features/Die-USA-schlagen-zurueck-Wag-the-Dog-3446236.html

(125) https://www.heise.de/tp/features/Irak-Krieg-von-langer-Hand-vorbereitet-3428334.html

(126) https://www.linksnet.de/artikel/18545

(127) http://www.weitwinkelsubjektiv.com/2014/03/28/der-irak-krieg-und-die-vorherrschaft-des-dollar/

(128) https://www.bpb.de/politik/hintergrund-aktuell/235010/2001-afghanistan-krieg

(129) https://de.wikipedia.org/wiki/Krieg_in_Afghanistan_seit_2001

(130) https://www.wsws.org/de/articles/2002/06/gasp-j15.html

(131) https://www.swp-berlin.org/fileadmin/contents/products/studien/2018S16_tmm.pdf

(132) https://de.wikipedia.org/wiki/USA_PATRIOT_Act

(133) https://www.zeit.de/digital/datenschutz/2013-10/hintergrund-nsa-skandal

(134) https://www.nachdenkseiten.de/?p=54865

(135) https://www.amnesty.ch/de/ueber-amnesty/publikationen/magazin-amnesty/2005-4/krieg-gegen-den-terror-krieg-gegen-die-menschenrechte

(136) https://www.amnesty.ch/de/themen/folter/folter-im-krieg-gegen-terror

(137) https://www.fluter.de/finanz-und-bankenkrise-einfach-erkl%C3%A4rt

(138) https://www.spiegel.de/wirtschaft/unternehmen/absturz-der-weltboersen-hauptursachen-der-finanzmarktkrise-a-648271.html

(139) https://www.rosalux.de/fileadmin/rls_uploads/pdfs/Texte-55.pdf

(140) https://www.stern.de/wirtschaft/news/finanzkrise-wie-paulson-die-usa-retten-will-3754748.html

(141) https://de.wikipedia.org/wiki/Troubled_Asset_Relief_Program

(142) https://www.spiegel.de/wirtschaft/unternehmen/ex-finanzminister-henry-paulson-beichte-des-bankenretters-a-676483.html

(143) https://www.heise.de/tp/features/Die-Goldman-Verschwoerung-3380972.html

(144) https://de.wikipedia.org/wiki/B%C3%BCrgerkrieg_in_Libyen_seit_2014

(145) https://millenium-state.com/blog/de/2019/05/22/das-dinar-gold-der-wahre-grund-fur-gaddafis-mord/

(146) https://www.freitag.de/autoren/gela/die-usa-und-das-erdoel

(147) http://kritische-massen.over-blog.de/article-libyenkrieg-hintergrunde-und-zusammenhange-75897503.html

(148) https://www.focus.de/politik/ausland/bericht-entlarvt-rebellen-als-kaltbluetige-moerder-die-blutige-rache-an-diktator-gaddafi_aid_841495.html

(149) https://www.us-kriege.de/syrien/

(150) https://www.heise.de/tp/features/Bilanz-nach-fuenf-Monaten-Luftkrieg-im-Irak-und-in-Syrien-3369451.html

(151) https://www.heise.de/tp/features/Unter-Obama-waren-die-USA-am-laengsten-im-Krieg-3221957.html

(152) https://www.rubikon.news/artikel/der-scheinheilige

(153) https://www.blaetter.de/ausgabe/2008/juli/die-welt-als-schachbrett

(154) https://gegenstandpunkt.com/artikel/raketen-abwehr-system-usa

(155) https://www.swp-berlin.org/kurz-gesagt/neuer-raketenabwehr-stuetzpunkt-der-nato-kein-grund-zum-feiern/

(156) https://www.mdr.de/heute-im-osten/raketenabwehrsystem-usa-rumaenien-polen-100.html

(157) https://www.spiegel.de/politik/ausland/usa-barack-obamas-ambivalente-wirtschaftsbilanz-a-1118090.html

(158) https://www.nzz.ch/finanzen/kapitalmaerkte-und-us-wahlen-obama-und-der-gigantische-schuldenberg-ld.127264?reduced=true

(159) https://www.heise.de/tp/features/Armutsrate-in-den-USA-verfestigt-sich-3375501.html

(160) http://www.tadema.de/2009_2/mat_090505.html

(161) https://www.finanzen100.de/finanznachrichten/wirtschaft/besorgniserregende-entwicklung-so-hohe-schulden-hat-die-amerikanische-durchschnittsfamilie_H93235311_359606/

(162) https://www.tagesspiegel.de/gesellschaft/panorama/obdachlose-in-den-usa-ohne-heim-und-ohne-rechte/12463764.html

(163) https://www.nachdenkseiten.de/?p=35733

(164) https://www.zeit.de/politik/ausland/2016-11/us-praesidentenwahl-donald-trump-sieg-soziologische-wahlanalyse/seite-2

(165) https://www.heise.de/tp/features/USA-Trump-versucht-groesste-Steuerreform-seit-Reagan-3878554.html

(166) https://amerika21.de/analyse/229181/us-sanktionen-toedlich-illegal-unwirksam

(167) https://www.freitag.de/autoren/jakob-reimann-justicenow/40-000-tote-menschen

(168) https://www.beobachter.ch/foren/questions/18765/usa-ueber-200-kriege-seit-ihrer-gruendung.html

(169) https://www.overseasbases.net/uploads/5/7/1/7/57170837/deutsche_die_fakten_obracc.pdf

(170) http://www.attac-kreis-coesfeld.de/?p=1053

(171) https://oxiblog.de/usa-40-millionen-leben-unter-der-armutsgrenze/

(172) https://www.heise.de/tp/features/Hunger-in-Amerika-4766957.html

(173) https://www.zeit.de/wirtschaft/2018-01/vermoegensverteilung-usa-donald-trump-feudalismus

(174) https://www.wsws.org/de/articles/2019/09/13/pers-s13.html

(175) https://luipogym1.wordpress.com/verspatete-industralisierung-in-deutschland/

(176) https://www.geschichtsinfos.de/karlsbader-beschluesse/

(177) https://de.wikipedia.org/wiki/Arbeiterbewegung_in_Deutschland

(178) https://www.dhm.de/lemo/kapitel/vormaerz-und-revolution/alltagsleben/die-krisenjahre-184647.html

(179) https://www.fes.de/hfz/arbeiterbewegung/epochen/revolution-1848-49

(180) https://www.wsws.org/de/articles/2013/11/20/1848-n20.html

(181) https://www.bpb.de/izpb/142105/1800-bis-1850der%20deutschen%20Geschichte%2C%20trat%20im%20Mai%201848%20in%20der%20Frankfurter%20Paulskirche&f=false

(182) https://www.dhm.de/lemo/kapitel/vormaerz-und-revolution/revolution-1848.html

(183) https://de.wikipedia.org/wiki/Otto_von_Bismarck

(184) https://de.wikipedia.org/wiki/Sozialgesetzgebung

(185) http://rheinische-geschichte.lvr.de/Epochen-und-Themen/Epochen/1848-bis-1871---zwischen-revolution-und-reichsgruendung.-durchbruch-zur-industrialisierung-/DE-2086/lido/57ab24eb4ee734.38439215

(186) https://www.deutschlandfunkkultur.de/ein-erfolgreicher-unternehmer.1270.de.html?dram:article_id=191018

(187) https://www.db.com/company/de/media/Deutsche-Bank-Geschichte--Chronik-von-1870-bis-heute.pdf

(188) https://www.planet-wissen.de/geschichte/deutsche_geschichte/der_erste_weltkrieg/index.html

(189) https://www.spiegel.de/geschichte/spd-im-ersten-weltkrieg-wie-es-zur-kriegskredite-zustimmung-kam-a-976886.html

(190) https://www.zeit.de/zeit-geschichte/2014/01/erster-weltkrieg-kriegserklaerung

(191) https://www.zeit.de/zeit-geschichte/2014/01/erster-weltkrieg-essay

(192) https://www.weltderfertigung.de/suchen/fachbuecher/geschichte/die-wahrheit-zum-ersten-weltkrieg.php

(193) https://www.zeit.de/zeit-geschichte/2014/01/erster-weltkrieg-novemberrevolution

(194) https://www.zeit.de/zeit-geschichte/2018/06/revolution-1918-1919-freiheitsbewegung-berlin-aufstand/seite-3

(195) https://www.diepresse.com/5560501/sie-wurden-einfach-abgeknallt-die-ermordung-von-rosa-luxemburg-und-karl-liebknecht

(196) https://www.frankfurter-hefte.de/artikel/der-mord-an-rosa-luxemburg-und-karl-liebknecht-2712/

(197) https://www.boell.de/de/2019/06/27/versailles-global

(198) https://www.planet-
wissen.de/geschichte/deutsche_geschichte/weimarer_republi
k/pwiediehyperinflationvon100.html

(199)
https://www.bpb.de/geschichte/nationalsozialismus/dossier-
nationalsozialismus/39531/kampf-um-die-republik-1919-1923

(200) https://www.spiegel.de/geschichte/hyperinflation-1923-
a-948427.html

(201)
https://de.wikipedia.org/wiki/Deutsche_Inflation_1914_bis_1
923

(202) https://www.dhm.de/lemo/kapitel/weimarer-
republik/industrie-und-wirtschaft/weltwirtschaftskrise.html

(203)
https://de.statista.com/statistik/daten/studie/277373/umfrag
e/historische-arbeitslosenzahl-in-der-weimarer-republik/

(204)
https://www.bpb.de/geschichte/nationalsozialismus/dossier-
nationalsozialismus/39537/zerstoerung-der-demokratie

(205) https://www.bpb.de/izpb/137194/machteroberung-
1933

(206) https://kaz-online.de/artikel/die-anstifter-und-profiteure

(207) https://www.zaronews.world/zaronews-presseberichte/hitlers-amerikanische-geschaeftsfreunde-us-konzerne-verdienten-am-krieg-video/

(208) https://www.wallstreet-online.de/community/posting-drucken/11070998

(209) https://www.spiegel.de/geschichte/henry-ford-und-die-nazis-a-947358.html

(210) http://www.nrhz.de/flyer/beitrag.php?id=21134

(211) http://sauber.50webs.com/kapital/

(212) https://www.bpb.de/politik/hintergrund-aktuell/265402/reichstagsbrand

(213) https://www.dw.com/de/als-das-parlament-sich-selbst-abschaffte/a-16681032

(214) http://widerstandsausstellung.m-o-p.de/ausstellung/kpd.htm

(215) https://www.kaz-online.de/artikel/die-anstifter-und-profiteure

(216) https://www.bpb.de/izpb/7687/1933-1945-verdraengung-und-vernichtung?p=all

(217) https://www.deutschlandfunk.de/wolfgang-moenninghoff-enteignung-der-juden-wunder-der.730.de.html?dram:article_id=101702

(218) https://de.wikipedia.org/wiki/Zweiter_Weltkrieg

(219) https://de.wikipedia.org/wiki/Morgenthau-Plan

(220) https://www.heise.de/tp/features/70-Jahre-BRD-alles-andere-als-friedliche-Anfaenge-4432017.html?seite=all

(221) https://www.heise.de/tp/features/Die-Luege-vom-Wohlstand-fuer-alle-3369397.html?seite=all

(222) http://www.free21.org/adenauers-draht-zur-cia/

(223) https://pelagon.de/?page_id=5152

(224) https://www.grin.com/document/188955

(225) http://www.b-republik.de/archiv/die-vergessene-republik

(226) http://www.free21.org/adenauers-draht-zur-cia/

(227) https://www.nachdenkseiten.de/?p=42169

(228) https://www.nachdenkseiten.de/?p=58890

(229) https://www.dw.com/de/alt-nazis-in-adenauers-kanzleramt/a-36535754

(230) http://www.gelsenzentrum.de/deutsche_nazi_karrieren.htm

(231) https://www.heise.de/tp/features/Jan-Fleischhauer-die-Atlantik-Bruecke-und-die-CIA-3838580.html?seite=all

(232) https://www.rubikon.news/artikel/russland-erobern-diesmal-transatlantisch

(233) https://www.nachdenkseiten.de/?p=54455

(234) https://de.wikipedia.org/wiki/Organisation_Gehlen

(235) http://www.uhk-bnd.de/wp-content/uploads/2013/05/UHK-BND_Bd2_online-12.pdf

(236) https://www.nachdenkseiten.de/?p=38063

(237) https://www.heise.de/tp/features/Partisanen-der-NATO-3376143.html

(238) https://www.heise.de/tp/features/Inszenierter-Terror-3420137.html

(239) https://taz.de/Rechtes-Netzwerk-in-der-Bundeswehr/!5548926/

(240) https://de.wikipedia.org/wiki/Operation_Overcast

(241) http://www.kriegsreisende.de/relikte/paperclip.htm

(242) https://www.nachdenkseiten.de/?p=42169

(243) https://www.friedenskooperative.de/friedensforum/artikel/protest-gegen-die-wiederbewaffnung

(244) https://www.bpb.de/politik/grundfragen/deutsche-verteidigungspolitik/199276/wiederbewaffnung

(245) https://www.nachdenkseiten.de/?p=54455

(246) https://www.nachdenkseiten.de/?p=43276

(247) https://www.nachdenkseiten.de/?p=42169

(248)
https://de.wikipedia.org/wiki/Kommunistische_Partei_Deutsch
lands

(249) https://www.bpb.de/apuz/271679/kleine-
ereignisgeschichte-der-waehrungsreform-1948?p=all

(250) https://www.heise.de/tp/features/Einseitiges-
Gedenken-zum-17-Juni-und-die-Kellerleichen-der-
westdeutschen-Demokratie-3373750.html

(251) https://www.freitag.de/autoren/der-freitag/ein-
generalstreik-der-keiner-sein-durfte

(252) https://www.bpb.de/apuz/271677/wunder-gibt-es-
immer-wieder-mythos-wirtschaftswunder?p=all

(253) https://www.neues-
deutschland.de/artikel/493953.stilles-einvernehmen.html

(254) http://www.luftpost-kl.de/luftpost-
archiv/LP_11/LP02811_110211.pdf

(255) https://www.heise.de/tp/features/Ein-Lobbyist-der-
Industrie-Ludwig-Erhard-3307471.html

(256) https://www.hdg.de/lemo/kapitel/geteiltes-
deutschland-modernisierung/bundesrepublik-im-
wandel/bergbaukrise-und-rezession.html

(257) https://www.bpb.de/izpb/10093/das-ende-der-aera-
adenauer?p=all

(258)
https://www.wiwo.de/politik/konjunktur/konjunkturprogramm
-historie-konjunkturprogramm-anno-1967/5485598.html

(259) https://de.wikipedia.org/wiki/Kurt_Georg_Kiesinger

(260) https://www.bpb.de/izpb/10098/grosse-koalition-und-
ausserparlamentarische-opposition?p=all

(261) https://www.deutschlandfunk.de/vor-50-jahren-der-
bundestag-beschliesst-die-notstandsgesetze.871.de.html?
dram:article_id=418999

(262) https://www.bpb.de/politik/hintergrund-
aktuell/269874/notstandsgesetze

(263) https://www.spiegel.de/spiegel/print/d-41810643.html

(264)
https://www.br.de/radio/bayern2/sendungen/radiowissen/soz
iale-politische-bildung/oelkrise-1970er-wirtschaft-fahrverbot-
opec-100.html

(265) https://www.alhambra.de/zeitung/04-
februar/fordstreik.htm

(266) https://www.verdi.de/ueber-uns/idee-
tradition/gruendungsgewerkschaften/++co++9ef60752-afd3-
11e1-57a6-0019b9e321cd

(267) https://www.zeit.de/zeit-geschichte/2013/04/willy-
brandt-der-sturz-affaire-guillaume/komplettansicht

(268) https://www.sueddeutsche.de/politik/30-jahre-brandt-
ruecktritt-der-sturz-des-visionaers-1.897699-0#seite-2

(269) ttps://www.willy-brandt-biografie.de/politik/innen-und-
gesellschaftspolitik/

(270)
https://www.spiegel.de/geschichte/bundesnachrichtendienst-bespitzelte-willy-brandts-freundin-a-1213163.html

(271) https://www.cicero.de/innenpolitik/geheime-bnd-dossiers-historiker-lueften-schleier-ueber-gehlen-kartei/56560

(272) https://www.sueddeutsche.de/politik/deutsche-geschichte-bnd-installierte-spitzel-bei-willy-brandt-1.3773913

(273) https://www.zeit.de/2012/49/Spionage-CDU-CSU-Willy-Brandt/komplettansicht

(274) https://www.freitag.de/autoren/asansoerpress35/cdu-csu-geheimdienst-vs-willy-brandt

(275) https://www.spiegel.de/wirtschaft/helmut-schmidt-der-oekonom-im-kanzleramt-a-1062143.html

(276) https://www.derfunke.de/rubriken/deutschland/2586-gab-es-sie-wirklich-die-guten-alten-zeiten-unter-willy-brandt-und-helmut-schmidt

(277)
https://de.wikipedia.org/wiki/Gesundheitsreform_in_Deutschland

(278) https://www.spiegel.de/wirtschaft/helmut-schmidt-der-oekonom-im-kanzleramt-a-1062143.html

(279) https://www.heise.de/tp/features/Bayern-Alpen-Hongkong-im-SPD-Atom-und-Polizeistaat-des-Helmut-Schmidt-4399431.html

(280) https://www.bpb.de/geschichte/deutsche-einheit/lange-wege-der-deutschen-einheit/47242/arbeitslosigkeit?p=all

(281) https://www.bpb.de/izpb/9748/wirtschaftliche-entwicklung-in-der-bundesrepublik?p=all

(282) https://katharinakellmann-historikerin.de/der-bruch-der-sozialliberalen-koalition/

(283) https://www.1000dokumente.de/pdf/dok_0079_lam_de.pdf

(284) https://taz.de/Debatte/!5195426/

(285) http://geschichtsverein-koengen.de/HelmutKohl.htm

(286) https://www.nachdenkseiten.de/wp-print.php?p=35018

(287) https://library.fes.de/pdf-files/wiso/06514.pdf

(288) https://arbeitsunrecht.de/nichts-zu-danken-helmut-kohl-war-nicht-nur-zufaellig-korrupt/

(289) https://www.nachdenkseiten.de/wp-print.php?p=48543

(290) https://www.spiegel.de/politik/deutschland/die-flick-affaere-ein-mann-kaufte-die-republik-a-441136.html

(291) https://www.heise.de/tp/features/Geld-ist-Macht-die-schwarzen-Kassen-der-CDU-4600185.html

(292) https://de.wikipedia.org/wiki/CDU-Spendenaff%C3%A4re

(293) https://www.merkur.de/politik/kohl-bekam-kirch-jaehrlich-mark-150428.html

(294) https://www.spiegel.de/politik/deutschland/kohls-vertrag-mit-kirch-zwoelf-mal-jaehrlich-zum-tete-a-tete-a-259465.html

(295) https://www.nachdenkseiten.de/?p=19807

(296) https://www.nachdenkseiten.de/wp-print.php?p=10107

(297)
https://de.sputniknews.com/gesellschaft/2018030631982737
3-wem-gehoeren-deutsche-medien-springer-bertelsmann-
burda/

(298) https://www.nachdenkseiten.de/wp-print.php?p=10568

(299) https://de.wikipedia.org/wiki/Zehn-Punkte-Programm

(300) https://www.hdg.de/lemo/kapitel/deutsche-einheit

(301) https://causa.tagesspiegel.de/gesellschaft/wie-weiter-
in-und-mit-ostdeutschland/sieger-haette-es-nicht-geben-
duerfen.html

(302) https://arbeitsunrecht.de/nichts-zu-danken-helmut-
kohl-war-nicht-nur-zufaellig-korrupt/

(303) https://www.tagesspiegel.de/politik/30-jahre-nach-
dem-mauerfall-wie-es-um-deutschlands-einheit-bestellt-
ist/25075578.html

(304)
https://de.wikipedia.org/wiki/Kosten_der_deutschen_Einheit

(305) https://de.quora.com/Was-f%C3%BCr-gute-Seiten-
hatte-die-DDR

(306) https://sascha313.wordpress.com/2015/10/08/das-gesundheitswesen-in-der-ddr/comment-page-1/

(307) https://www.bpb.de/geschichte/deutsche-einheit/deutsche-teilung-deutsche-einheit/43771/2-plus-4-verhandlungen?p=all

(308) https://www.nzz.ch/article7ES1L-1.501433?reduced=true

(309) http://www.sozialpolitik-aktuell.de/tl_files/sozialpolitik-aktuell/_Politikfelder/Arbeitsmarkt/Datensammlung/PDF-Dateien/abbIV31.pdf

(310) https://www.bpb.de/nachschlagen/zahlen-und-fakten/soziale-situation-in-deutschland/61718/arbeitslose-und-arbeitslosenquote

(311) http://www.michael-schoefer.de/artikel/ms0001.html

(312) https://www.spiegel.de/politik/deutschland/aufbau-ost-durch-abbau-west-helmut-kohl-kanzler-des-niedergangs-a-294097.html

(313) https://www.rentenreform-alternative.de/arbeit/sozialab-kohl.htm

(314) http://www.zukunft--der--arbeit.de/sozialab-
schroeder.htm

(315) https://www.marx21.de/schroeder-rot-gruen-koalition-
agenda2010/

(316) https://www.freitag.de/autoren/zucckom/neoliberale-
denkmuster-in-der-spd

(317) https://www.linksnet.de/artikel/18118

(318) https://www.zeit.de/2005/37/Steuern

(319) https://www.tagesspiegel.de/politik/steuerreform-
erfolgreicher-ueberraschungscoup/153660.html

(320)
https://www.gew.de/aktuelles/detailseite/neuigkeiten/verheer
ende-bilanz-des-neoliberalismus/

(321) http://www.zukunft--der--arbeit.de/gesundhref-
schroeder.htm

(322) http://www.zukunft--der--arbeit.de/sozialab-
schroeder.htm

(323) https://www.zeit.de/wirtschaft/2018-07/altersarmut-deutschland-rente-die-linke

(324) https://www.vdk.de/deutschland/pages/themen/kampagne/76984/problem_altersarmut

(325) https://lobbypedia.de/wiki/Walter_riester

(326) https://www.faz.net/aktuell/politik/agenda-2010-10-000-demonstrieren-gegen-sozialabbau-1101318.html

(327) https://www.heise.de/tp/features/Medienrealitaet-im-Kosovo-Krieg-3446624.html

(328) https://www.marx21.de/kosovo-krieg-1999-ursachen-nato-bundeswehr/

(329) https://alkv-loeb-zit.de/archiv2009/Die%20Heuschrecken.pdf

(330) https://www.bundestag.de/parlament/wahlen/ergebnisse_seit1949-244692

(331) https://www.nachdenkseiten.de/?p=13741

(332) https://www.spiegel.de/politik/deutschland/koalition-bundestag-beschliesst-groesste-steuererhoehung-seit-1949-a-417118.html

(333) http://www.gerichte-und-urteile.de/gesetze-waehrend-wm/

(334) http://www.zukunft--der--arbeit.de/gesundhref-merkel.htm

(335) https://www.altersdiskriminierung.de/themen/artikel.php?id=2132

(336) http://www.zukunft--der--arbeit.de/sozialab-merkel.htm

(337) https://www.faz.net/aktuell/politik/inland/reformen-merkel-keine-weiteren-steuererhoehungen-1357299.html

(338) https://kenfm.de/the-wolff-of-wall-street-weltfinanzkrise/

(339) https://www.welt.de/wirtschaft/article114944193/Finanzkrise-kostet-Deutschland-187-Milliarden.html

(340) https://www.caritas.de/neue-
caritas/heftarchiv/jahrgang2009/artikel2009/arm-wird-
aermer-reich-bleibt-reich-und-d

(341) https://www.rhotham.de/sanierungs-und-
abwicklungsgesetz.html

(342) https://www.wiwo.de/politik/deutschland/rwi-studie-
kostenfaktor-bankenrettung/8013886-2.html

(343)
https://de.wikipedia.org/wiki/Wachstumsbeschleunigungsges
etz

(344) https://www.blickpunkt-wiso.de/post/die-
schuldenbremse-als-ausdruck-neo-liberaler-
demokratiefeindlichkeit--1016.html

(345) https://www.heise.de/tp/features/Jede-Wette-dass-die-
Schuldenbremse-die-naechste-Krise-nicht-ueberlebt-
3375985.html?seite=all

(346)
https://de.linkfang.org/wiki/Griechische_Staatsschuldenkrise_
ab_2010

(347) https://www.rubikon.news/artikel/heute-griechenland-
morgen-wir

(348) https://www.heise.de/tp/features/Griechenland-Zu-Tode-gespart-4141781.html?seite=all

(349) https://kenfm.de/tagesdosis-30-6-2018-griechenlands-zerfall-und-die-grotesken-luegen-der-politik/

(350) https://www.spiegel.de/politik/deutschland/krieg-in-libyen-mehr-als-hundert-deutsche-am-nato-einsatz-beteiligt-a-785381.html

(351) https://de.connection-ev.org/article-307

(352) https://www.friedenskooperative.de/friedensforum/artikel/ausbau-der-deutschen-beteiligung-an

(353) https://de.wikipedia.org/wiki/Europ%C3%A4ische_Fl%C3%BCchtlingskrise

(354) https://kenfm.de/warum-liess-merkel/

(355) https://de.wikipedia.org/wiki/EU-T%C3%BCrkei-Abkommen_vom_18._M%C3%A4rz_2016

(356) https://www.aufschrei-waffenhandel.de/daten-fakten/empfaengerlaender/tuerkei/

(357) https://www.tagesschau.de/faktenfinder/eu-tuerkei-fluechtlingsabkommen-109.html

(358) https://www.heise.de/tp/features/Fluechtlinge-in-der-Falle-4677060.html

(359) https://www.rki.de/DE/Content/Infekt/EpidBull/Archiv/2020/07/Art_02.html

(360) https://de.statista.com/statistik/daten/studie/201216/umfrage/ezb-zinssatz-fuer-das-hauptrefinanzierungsgeschaeft-seit-1999/

(361) https://www.sueddeutsche.de/wirtschaft/wirtschaftskrise-2020-rezession-1.4576139

(362) https://www.tagesanzeiger.ch/ausland/standard/die-krise-mit-der-laengsten-vorwarnzeit/story/31671745

(363) https://www.dw.com/de/iwf-warnt-vor-schulden-zeitbombe/a-50859978

(364) http://www.zukunft--der--arbeit.de/gesundhref-kohl.htm

(365) https://www.nachdenkseiten.de/?p=53434

(366) https://www.nachdenkseiten.de/?p=62278

(367) https://www.rtl.de/cms/gesundheitsminister-jens-spahn-zu-coronavirus-kein-anlass-zu-unruhe-oder-unnoetigem-alarmismus-4473793.html

(368) https://www.zdf.de/nachrichten/zdf-morgenmagazin/wieler-zu-coronavirus-gefahr-gering-100.html

(369) https://de.wikipedia.org/wiki/Spanische_Grippe

(370) https://www.dw.com/de/who-spricht-bei-covid-19-nun-von-pandemie/a-52726789

(371)
https://www.spiegel.de/wissenschaft/mensch/schweinegrippe-experte-warnt-vor-viren-hysterie-a-636914.html

(372) https://www.der-arzneimittelbrief.de/de/Artikel.aspx?SN=7023

(373) https://fragdenstaat.de/dokumente/4123-wie-wir-covid-19-unter-kontrolle-bekommen/

(374)
https://fragdenstaat.de/blog/2020/04/01/strategiepapier-des-
innenministeriums-corona-szenarien/

(375) https://www.tagesspiegel.de/politik/italien-mit-
hoechstzahl-an-corona-toten-armee-transportiert-leichen-mit-
lkw-ab-ausnahmezustand-im-land-verlaengert/25660522.html

(376) https://www.aerztezeitung.de/Politik/Corona-
Thesenpapier-Experten-geisseln-RKI-Methode-als-sozial-
unausgewogen-410796.html

(377) https://corona-transition.org/zahlen-machen-corona-
falle

(378)
https://www.welt.de/politik/deutschland/article206578991/Au
sgangsperre-wegen-Corona-in-Deutschland-Merkel-warnt-
Koennen-jederzeit-reagieren.html

(379) https://www.spiegel.de/politik/deutschland/corona-
krise-kommt-die-ausgangssperre-fuer-ganz-deutschland-a-
5f564c5d-74f3-444b-bd8f-d60667b9215a

(380) http://jean-monnet-saar.eu/?page_id=2498

(381)
https://www.aerzteblatt.de/nachrichten/111343/Weitreichend
e-Massnahmen-gegen-die-Corona-Pandemie-und-mehr-
Befugnisse-fuer-das-BMG

(382) https://freiheitsrechte.org/corona-und-grundrechte/

(383)
https://www.gew.de/aktuelles/detailseite/neuigkeiten/grundr
echte-im-wuergegriff/

(384) https://www.stuttgarter-zeitung.de/inhalt.corona-
warnung-von-angela-merkel-wir-leben-immer-noch-am-
anfang-der-pandemie.b682d95a-bd47-465a-9cad-
e1290e3461db.html

(385) https://docs.google.com/presentation/d/1M-
tZ2rxnxv8vCMmX5NwuxeYnNBdfg3lOdZ3Z-
rTWluQ/present#slide=id.g4292ae841725cfad_92

(386) https://www.tu-
darmstadt.de/universitaet/aktuelles_meldungen/einzelansicht
_263296.de.jsp

(387)
https://www.aerzteblatt.de/nachrichten/114223/Wenker-
nennt-Immunitaetsausweis-Etikettenschwindel

(388)
https://ec.europa.eu/health/sites/health/files/vaccination/doc
s/2019-2022_roadmap_en.pdf

(389)
https://www.welt.de/politik/deutschland/article207167375/M
erkel-zu-Corona-Solange-wir-keinen-Impfstoff-haben-wird-
das-gelten.html

(390) https://www.gatesfoundation.org/

(391) https://www.swr.de/swr2/programm/broadcastcontrib-
swr-11756.html

(392) https://www.nachdenkseiten.de/?p=62452

(393) https://www.epochtimes.de/politik/europa/eu-
geberkonferenz-mit-bill-gates-und-co-gegen-die-corona-
pandemie-a3230265.html

(394)
https://www.faz.net/aktuell/gesellschaft/gesundheit/coronavir
us/impfstoff-eu-erlaesst-ausnahmeregelung-fuer-corona-
arzneimittel-16861375.html

(395) https://www.aerzteblatt.de/archiv/214122/Genbasierte-
Impfstoffe-Hoffnungstraeger-auch-zum-Schutz-vor-SARS-
CoV-2

(396) https://www.nachdenkseiten.de/?p=60952

(397) https://www.rubikon.news/artikel/die-diskussions-
verweigerer

(398) https://web.de/magazine/news/coronavirus/corona-
massnahmen-befoerdern-studien-depressionen-aengste-
34636526

(399)
https://de.sputniknews.com/politik/20200428326983586-
corona-krise-kollateralschaeden/

(400) https://www.epochtimes.de/wissen/forschung/studie-
aus-grossbritannien-mehr-krebstote-durch-corona-pandemie-
a3232782.html

(401) https://www.arbeitsagentur.de/presse/2020-27-der-
arbeitsmarkt-im-april-2020

(402) https://www.juraforum.de/ratgeber/corona/corona-
insolvenz

(403) https://cives.de/adidas-tui-media-markt-sixt-co-
profitieren-millionen-andere-stehen-vor-dem-aus-9489

(404)
https://www.bundesfinanzministerium.de/Content/DE/Standa
rdartikel/Themen/Schlaglichter/Corona-Schutzschild/2020-03-
13-Milliarden-Schutzschild-fuer-Deutschland.html

(405) https://kenfm.de/wirtschaftliche-auswirkungen-der-
corona-lockdowns-von-christian-kreiss/

(406) https://www.nachdenkseiten.de/?p=61438

(407) https://www.wsws.org/de/articles/2020/04/02/hunga-
a02.html

(408) https://www.heise.de/tp/features/Das-Geschaeft-mit-
den-Staatsschulden-3378594.html?seite=all

(409) https://www.heise.de/tp/news/Obszoener-Reichtum-
Die-oberen-1000-haben-jetzt-ueber-eine-Billion-Euro-
4152916.htm

(410) https://www.sueddeutsche.de/wirtschaft/einkommen-
deutschland-verteilung-1.4435705

(411)
https://www.dgppn.de/_Resources/Persistent/154e18a8cebe
41667ae22665162be21ad726e8b8/Factsheet_Psychiatrie.pdf

(412) https://www.thieme.de/de/psychiatrie-psychotherapie-psychosomatik/psychisch-kranke-menschen-deutschland-92051.htm

(413) https://www.psyga.info/psychische-gesundheit/daten-fakten

(414) https://de.statista.com/themen/1318/psychische-erkrankungen/

(415) https://www.jungewelt.de/artikel/377870.psychische-probleme-im-kapitalismus-arbeit-und-depression.html

(416) https://www.heise.de/tp/features/Ist-eine-gesunde-Wirtschaft-nur-um-den-Preis-kranker-Menschen-moeglich-4676645.html?seite=all

(417) https://www.heise.de/tp/features/Die-Deutschen-sind-kraenker-denn-je-4190389.html?seite=all

(418)
https://de.wikipedia.org/wiki/Geschichte_der_Psychiatrie

(419) https://de.wikipedia.org/wiki/Psychiker_(Psychiatrie)

(420) https://mhh-
publikationsserver.gbv.de/servlets/MCRFileNodeServlet/mhh_
derivate_00000174/Elgeti-4133_a.pdf

(421)
https://de.wikipedia.org/wiki/Schocktherapie_(Psychiatrie)

(422) https://de.wikipedia.org/wiki/Insulinschocktherapie

(423) https://www.neuro24.de/show_glossar.php?id=485

(424) https://www.dgppn.de/schwerpunkte/psychiatrie-im-
nationalsozialismus.html

(425) https://de.wikipedia.org/wiki/Aktion_T4

(426)
https://www.nzz.ch/die_lobotomie_wird_sie_nach_hause_bri
ngen-1.5999787?reduced=true

(427) https://www.aerzteblatt.de/archiv/60000/Die-
Lobotomie-Wie-ein-Relikt-aus-finsterer-Zeit

(428) https://www.geschichte-lernen.net/kurze-geschichte-
psychiatrie-antike-bis-moderne/

(429) https://diestoerenfriedas.de/zwangsbehandlungen-
sind-folter-in-deutschland-aber-legal/

(430) https://www.aerzteblatt.de/archiv/135001/Psychisch-
Kranke-Zwangsbehandlung-mit-richterlicher-Genehmigung-
wieder-moeglich

(431) https://www.thieme.de/de/psychiatrie-psychotherapie-
psychosomatik/zwangsmassnahmen-auf-psychiatrischen-
akutstationen-48624.htm

(432) https://de.wikipedia.org/wiki/Steuers%C3%BCnder-CD

(433) https://www.tagesspiegel.de/politik/steuerflucht-in-die-
schweiz-die-cd-bringts-ans-licht-und-geld-in-die-
staatskasse/7477830-all.html

(434) https://www.spiegel.de/wirtschaft/soziales/ein-
ueberblick-ueber-die-cds-mit-daten-deutscher-steuersuender-
seit-2000-a-870946.html

(435) http://www.gustl-for-help.de/summary.html

(436) https://www.msn.com/de-
de/nachrichten/coronavirus/sachsen-will-quarant%C3%A4ne-
verweigerer-in-psychiatrien-sperren/ar-BB12rTkO

(437) https://www.wochenblick.at/sperrt-klima-und-corona-leugner-in-die-psychiatrie/

(438) https://unser-mitteleuropa.com/erster-corona-kritischer-arzt-festgenommen-und-in-psychatrie-eingeliefert/

(439) https://uncut-news.ch/schweiz-arzt-von-polizei-abgeholt-und-in-psychiatrie-gebracht/

(440) https://www.lto.de/recht/hintergruende/h/rechtsanwaeltin-bahner-heidelberg-corona-skepsis-grdunrechte-psychiatrie-verschwoerung/

(441) https://taz.de/Juristin-Beate-Bahner-in-der-Klinik/!5679099/

(442) https://kenfm.de/trump-allein-zu-haus-belauert-vom-tiefen-staat/

(443) https://kenfm.de/donald-trump-genie-oder-vollidiot-teil-ii/